CALWER BIBELATLAS

Calwer Bibelatlas

Erarbeitet von Wolfgang Zwickel

Calwer Verlag Stuttgart

Die Herausgabe des Werkes wurde gefördert von der
Calwer Verlag-Stiftung und der Adolf Schlatter-Stiftung.

Die Deutsche Bibliothek – CIP-Einheitsaufnahme

Zwickel, Wolfgang:
Calwer Bibelatlas / erarb. von Wolfgang Zwickel. – Stuttgart : Calwer, 2000
ISBN 978-3-7668-3702-8 (broschierte Ausgabe)
ISBN 978-3-7668-3701-1 (gebundene Ausgabe)

2. Auflage 2007
© 2000 by Calwer Verlag Stuttgart
Alle Rechte vorbehalten.
Wiedergabe, auch auszugsweise, nur mit Genehmigung des Verlags.
Kartographie: Klett-Perthes, Gotha
Satz: MedienTeam Berger, Ellwangen
Umschlaggestaltung: Karin Sauerbier, Stuttgart
Layout und Herstellung: Kurt Thönnes, die Werkstatt, CH-Liebefeld-Bern
Druck und buchbinderische Verarbeitung: Kösel, Krugzell

Inhalt

Einführung

»Wer einen geschichtlichen Vorgang verstehen will, muss ein klares Bild von dem Raum gewinnen, in dem die Geschichte spielte.« Mit diesem Motto, das zugleich einen Anspruch formuliert, leitete Theodor Schlatter das Vorwort für die deutsche Ausgabe des von G. E. Wright und F. V. Filson erstellten »Kleinen historischen Bibelatlas« (englische Ausgabe: »The Westminster Smaller Bible Atlas«) ein, der seit 1960 in zahlreichen Auflagen im Calwer Verlag erschienen ist. Diesem Motto ist die vorliegende völlige Neubearbeitung treu geblieben. Die insgesamt 17 zeitlich differenzierten Karten vermitteln jeweils die für eine bestimmte Periode relevanten politischen Machtkonstellationen sowie die für das Verständnis biblischer Texte nötigen Hintergrundinformationen, soweit sie kartographisch darstellbar sind. Jeder Bibelleser und jede Bibelleserin soll so in der Lage sein, Bibeltexte mit historischen Inhalten durch einen Blick in den Bibelatlas besser verstehen zu können. In vielen Fällen bietet ja gerade ein Bibelatlas eine anschauliche Information, die manche bei der Lektüre eines Bibeltextes aufkommende Frage beantworten kann. Karten zur Bibel sind daher, mehr noch als Lexika oder Konkordanzen, wohl das wichtigste und meistgebrauchte Hilfsmittel für die Bibellektüre.

Die Neubearbeitung des »Kleinen Historischen Bibelatlas« hat noch ein weiteres Ziel: Während nahezu alle derzeit erhältlichen Atlanten nur eine Auswahl der während einer bestimmten Periode besiedelten bzw. in biblischen Texten belegten Orte bieten, legt dieser Atlas Wert auf größtmögliche Vollständigkeit. Soweit Ortslagen sicher oder zumindest mit einer großen Wahrscheinlichkeit identifizierbar sind (was auf einen großen Teil der biblisch belegten Orte, aber keineswegs auf alle zutrifft), wurden sie in die entsprechenden chronologisch geordneten Karten eingezeichnet. Damit stellt die Neubearbeitung dieses Bibelatlas nicht nur einen Studienatlas für Schule, Gemeinde und private Bibellektüre dar; er genügt auch den Ansprüchen an ein wissenschaftlich fundiertes, nach Vollständigkeit strebendes Kartenwerk. Das beigegebene Register ist zugleich ein handliches und in dieser Art bisher nicht verfügbares Nachschlagewerk für alle lokalisierbaren biblischen Ortslagen.

Die biblischen Ortslagen sind nach den Loccumer Richtlinien, einer ökumenischen Vereinbarung zur Schreibweise biblischer Orts- und Personennamen, wiedergegeben. Für die Umschrift arabischer Ortslagen im Registerteil wurde das Umschriftsystem der Deutschen Morgenländischen Gesellschaft verwendet. Auf eine Wiedergabe der modernen israelischen Ortsnamen wurde bewusst verzichtet, da es sich dabei in der Regel um Neuschöpfungen handelt, die für die topographische Diskussion ohne Belang sind.

Im Register findet sich für jede lokalisierbare Ortslage der heutige arabische Name, eine genaue Koordinatenangabe nach dem sog. Palestine-Grid und eine Angabe, auf welchen Karten der jeweilige Ort eingezeichnet ist. Nicht aufgeführt sind dabei die Eintragungen in der Karte »Archäologische Grabungen in Palästina«, in der die wichtigsten für die Zeit der Bibel relevanten Orte eingetragen sind; wegen der Vielzahl der Grabungen in dieser Region konnte auf dieser Karte nur eine Auswahl von Grabungsstätten eingetragen werden. Mit Hilfe der Koordinaten können Palästina-Reisende ohne große Schwierigkeiten nicht nur die genaue Lage eines biblischen Ortes auf den gängigen Touristenkarten

6

finden (wie z. B. auf der weitverbreiteten »Israel Touring Map« des israelischen Fremdenverkehrsministeriums), sondern auch den entsprechenden modernen israelischen Namen. Oftmals liegen allerdings moderne israelische Siedlungen einige Kilometer von dem entsprechenden gleichnamigen antiken Ort entfernt!

Die aufwendigen Arbeiten an diesem Atlas wären nicht möglich gewesen ohne die großzügigen finanziellen Unterstützungen von Seiten der Calwer Verlag-Stiftung und der Adolf Schlatter-Stiftung.

Mein besonderer Dank gilt darüber hinaus Thomas Hönicke von der Firma Klett-Perthes, Gotha für die Erstellung der Karten und Matthias Flender für die Hilfe bei der Arbeit am Computer für die Karte »Archäologische Grabungen in Palästina«.

Theodor Schlatter schloss sein Vorwort der alten Ausgabe des »Kleinen Historischen Bibelatlas« mit den Worten: »Der Calwer Verlag gibt diesen kleinen Atlas in der Hoffnung hinaus, er dürfe vielen Freunden der Bibel einen guten Dienst tun.« Unter diese Hoffnung soll auch die Neubearbeitung gestellt sein.

Mainz, im September 2000   *Wolfgang Zwickel*

Grundlagen der historisch-topographischen Forschung

Die historisch-topographische Forschung hat in den letzten Jahrzehnten erhebliche Erkenntnis-gewinne erzielt. Bis in das frühe 19. Jahrhundert hinein war das Onomastikon des Euseb, das dieser vor 331 n. Chr. schrieb und in dem er in kurzen Notizen die seiner Meinung nach richtige Lage bibli-scher Orte festhielt, neben den biblischen Lokalisationsangaben die wichtigste Quelle zur Identifizie-rung von Ortschaften. Euseb konnte bei der Abfassung seines Werkes auf amtliche Dokumente der Bibliothek von Cäsarea, wo er seit 313 n. Chr. als Bischof residierte, zurückgreifen. Allerdings kannte auch Euseb die Lage vieler Ortschaften, die oft schon zu seiner Zeit seit vielen Jahrhunderten verlas-sen waren, nicht mehr. Zudem lässt sich an manchen Stellen belegen, dass dieser Gelehrte sich ebenso täuschte wie es auch heute jedem Topographen passieren kann.

Das Wissen um die Lage der biblischen Orte wurde in den nachfolgenden Jahrhunderten kaum vermehrt. Neben die Kenntnis des Onomastikons traten nun die Pilgerberichte der ab dem 4. Jahrhun-dert n. Chr. zunehmend nach Palästina strömenden Reisenden. Mit der steigenden Zahl der Pilger nahm aber paradoxerweise das Wissen um die biblischen Ortslagen ab. Die Pilger benützten in der Regel immer dieselben Wege, um von den Mittelmeerhäfen aus vor allem nach Jerusalem zu kommen. Was abseits dieser Wege lag, wurde nur höchst selten besucht und geriet daher oftmals in Vergessen-heit. Andererseits lokalisierten nun aber auch die einheimischen Führer zahlreiche eigentlich in ent-fernteren Gebieten gelegene biblische Ereignisse in die unmittelbare Nähe der Pilgerstraßen, um den weitgereisten Pilgern einen möglichst eindrücklichen und abwechslungsreichen Aufenthalt zu vermit-teln. Unzählige Ortslagen blieben den Besuchern so bis in das frühe 19. Jahrhundert hinein weitge-hend oder völlig unbekannt. Das 19. Jahrhundert kann man vor diesem Hintergrund gewissermaßen als Zeitalter der Wiederentdeckung Palästinas verstehen. Ulrich Jasper Seetzen (1767–1811) und Johann Ludwig Burckhardt (1784–1817) waren Anfang des 19. Jahrhunderts die Ersten, die nicht mehr dem alten traditionellen Wissen vertrauten. Sie erkannten, dass sich in vielen arabischen Orts-namen noch der alte biblische Name erhalten hatte. So kann man beispielsweise in dem arabischen Ortsnamen *Ḫirbet* (»Trümmerstätte«) *Sēlūn* noch den alten Ortsnamen Schilo erkennen. Seetzen und Burckhardt verließen nun die üblichen Pilgerpfade, besuchten unbekannte Gebiete und dokumentier-ten, allerdings noch weitgehend unsystematisch, die arabische Namensüberlieferung. Erste systemati-sche Aufnahmen dieses Materials verdanken wir dem Amerikaner Edward Robinson (1794–1863), dem Schweizer Titus Tobler (1806–1877) und dem Franzosen Victor Honoré Guérin (1821–1891), die bei ihren Reisen zahlreiche biblische Ortsnamen wiederentdeckten. Noch heute gehen viele Lokalisa-tionen auf das Werk dieser Forscher zurück. In den Jahren 1880–1884 erfolgte dann die erste umfas-sende kartographische Aufnahme des Westjordanlandes, die der englische »Survey of Western Palestine« finanzierte. Nun wurden zunehmend nicht nur die Namen dokumentiert, sondern auch die aufgefundenen Architekturreste kurz beschrieben.

Als im Jahre 1890 W.M.F. Petrie in *Tell el-Ḥesī* die erste Ausgrabung auf palästinischem Gebiet unternahm, begann eine neue Epoche der historischen Topographie. War man bislang allein auf den Gleichklang von arabischen Ortsnamen mit solchen der biblischen Tradition angewiesen, konnten Ausgrabungsergebnisse die vorgebrachten Lokalisierungsvorschläge zusätzlich stützen. In manchen Fällen zeigte sich allerdings, dass zwar ein Gleichklang vorlag, die entsprechende Ortslage aber in der

8

fraglichen Zeit nicht besiedelt war und damit die Gleichsetzung mit dem vermuteten antiken Ort aufgegeben werden musste. Andererseits wurde es durch die Ausgrabungen und zunehmend auch durch die Oberflächenuntersuchungen möglich, Ortslagen auf Grund der Funde zu lokalisieren, obwohl sich der biblische Name nicht in der arabischen Sprache erhalten hat.

Die archäologische Forschung Palästinas ist seit dem Erscheinen des »Kleinen Historischen Bibelatlas« (1960) noch einmal erheblich vorangeschritten. In Israel wird derzeit ein groß angelegtes Forschungsprojekt durchgeführt, bei dem intensive Oberflächenuntersuchungen im ganzen Land die Siedlungsgeschichte aller antiken Orte erfassen sollen. Ein beträchtlicher Teil der geplanten Dokumentationsbände liegt bereits vor, für andere Gebiete gibt es zumindest Vorberichte. Auch in Jordanien sind schon mehr als 50% des im Altertum besiedelten Gebietes durch derartige Intensivsurveys erfasst; allerdings werden sie hier nicht staatlich koordiniert durchgeführt, so dass es immer wieder »weiße Flecken« auf der Landkarte gibt.

Für die Lokalisierung biblischer Ortslagen steht somit heute eine erheblich erweiterte Materialbasis zur Verfügung. Neben die (kritische) Auswertung biblischer und außerbiblischer Texte (z. B. ägyptische oder assyrische Überlieferungen, Eusebs Onomastikon, rabbinische Traditionen, Pilgerberichte) treten die arabische Namensüberlieferung und nun auch die archäologischen Befunde. Im Idealfall lässt sich eine Lokalisierung durch textliche, sprachliche und archäologische Belege eindeutig absichern. In vielen Fällen trifft dies allerdings nicht in der gewünschten Vollständigkeit zu. Trotzdem erlauben die zur Verfügung stehenden Fakten dann doch eine sichere Bestimmung der Ortslagen. Ist die Identifikation eines Ortes in der fraglichen Zeit (bislang) nicht gesichert, so wird die vorgeschlagene Lokalisation in diesem Atlas mit einem ? versehen. Analog gilt dies für Lokalisierungsvorschläge, die sich zwar auf Grund der archäologischen Befunde anbieten, aber durch keine anderen Fakten zusätzlich gestützt werden können. Trotzdem sind von den über 1500 biblischen Orts-, Landschafts-, Fluss-, Berg- oder Territorialbezeichnungen rund 400 überhaupt nicht lokalisierbar. Meist handelt es sich dabei um Ortslagen, die nur selten in der Bibel erwähnt werden und auch sonst nicht von größerer Bedeutung waren. Nur in sehr wenigen Fällen ist die Lage von historisch bedeutsamen und öfters erwähnten Orten (wie z. B. Emmaus oder Pnuël) derzeit noch umstritten. Die Forschung schreitet jedoch weiter voran. Und so gibt es auch in dieser 2. Auflage des »Calwer Bibelatlas« einige wenige Korrekturen und Neuansetzungen gegenüber der 1. Auflage.

Geographische Gegebenheiten

Die Karte zeigt das gesamte Gebiet Palästinas mit seiner Höhenschichtung, einigen besonders markanten Bergen, den Flussläufen, überregional bedeutsamen Straßenverläufen, den durchschnittlichen Niederschlagsmengen in der Gegenwart (Isohyeten) sowie den biblischen Landschaftsbezeichnungen. Vom Mittelmeer her schließt sich an die flache, im nördlichen Teil sumpfige Küstenregion die hügelige Schefela an. Diese geht dann in den Aufstieg zum Bergland über, dessen Wasserscheide etwa auf der Linie Sichem – Jerusalem – Hebron liegt. Östlich davon fällt das Bergland steil zum Jordangraben bzw. zum Toten Meer hin ab. Von dort steigt das Gelände wieder relativ steil im Ostjordanland auf und geht dann in ein anfangs hügeliges, dann zunehmend flaches Gelände über. Das Ostjordanland wird durch die tief eingeschnittenen Täler der Flüsse Jarmuk, Jabbok, Arnon und Sered von Norden nach Süden in separate Regionen gegliedert. Im Westjordanland blockiert der bis zum Mittelmeer reichende Karmel die Küstenebene im Norden. Nördlich davon schließen sich die fruchtbaren Gebiete der Ebene von Akko, der Jesreel-Ebene und der Bucht von Bet Schean an. Diese wiederum werden im Norden durch das untergaliläische Bergland begrenzt, das dann ins wesentlich höher aufsteigende obergaliläische Bergland übergeht.

Für die Landwirtschaft sehr günstige Bedingungen liegen in all jenen Gebieten vor, in denen die durchschnittliche Niederschlagsmenge pro Jahr etwa 500 mm übersteigt. Dies gilt im Westjordanland für das gesamte Gebiet westlich der Wasserscheide und nördlich von Hebron; im Ostjordanland trifft dies im Wesentlichen für die nördliche Hälfte zu. Sinkt der Niederschlag auf unter ca. 200 mm pro Jahr, ist Ackerbau nur noch mit Hilfe künstlicher Bewässerung bzw. durch Aufstauen des Wadiwassers erfolgversprechend. Die biblische Bezeichnung »von Dan bis Beerscheba« umschreibt also nicht nur das damals bewohnte Gebiet, sondern auch das ohne großen Aufwand landwirtschaftlich sinnvoll zu bewirtschaftende Terrain Palästinas. Da sich die vom Mittelmeer kommenden Regenwolken am judäischen und efraimitischen Bergland abregnen, geht das Gebiet östlich davon in Richtung Jordan relativ schnell von Steppe in Wüste über. An den Bergen des Ostjordanlandes können sich die Wolken nochmals abregnen. Auch in Transjordanien folgen schon nach etwa 30 km zuerst Steppe, dann Wüste.

Palästina war ein Verbindungsland zwischen Ägypten und Mesopotamien, den großen Machtzentren des Orients. Vor allem das Nordreich Israel konnte vom Handel zwischen diesen Ländern profitieren, denn die wichtigste Handelsstraße der Levante (die sog. via maris) durchzog von Ägypten kommend das Gebiet des Nordreichs und führte dann weiter bis nach Nordsyrien. Dort gabelte sie sich. Ein Zweig führte auf das anatolische Bergland, der andere entlang des Eufrat nach Mesopotamien. Die »via maris« war aber nicht nur für den Handel bedeutsam; auf ihr bewegten sich auch die Truppen bei den verschiedenen Kriegszügen. Im Ostjordanland stellt die Königsstraße den Ausläufer der aus Saudiarabien kommenden Weihrauchstraße dar. Einige Ost-West-Verbindungen hatten dagegen lediglich eine untergeordnete Bedeutung.

Höhenschichten
über 1000 m
750 –1000 m
500 – 750 m
200 – 500 m
0 – 200 m
unter 0 m
wichtiger Ort
wichtigste Straßenverläufe in der Eisenzeit
Hermon   Berg- oder Gebirgsname
Isohyete
412   Berg mit Höhenzahl in Metern
Jordan   Gewässername
PHILISTER   Völkername
0 10 20 30 40 50 60 km
© 2000 by Calwer Verlag Stuttgart
Mittel-
meer
ARAM
Sidon
Damaskus
Tyrus
Litani
Hermon
2214
Dan
1204
Galiläa
1208
Hule-See
Akko
526
See Gennesaret -212 m
Baschan
546
Jesreel-Ebene
Karmel
588
Tabor
515
Kischon
Jarmuk
Gilboa
497
Samarien
Gebirge Efraim
940 Ebal
Sichem 881 Garizim
1198
G Jabbok
Kana
500
Jordan
1042
Schefela
Soreq
1016
Baal-Hazor
Rabba
500
943
AMMON
Jericho
Heschbon
200
Jerusalem
821
Nebo
869
799
Abarim
500
via maris
Scharon
Gaza
Lachisch
1020
Hebron
-392 m
Dibon
Arnon
1065
MOAB
909
PHILISTER
Beerscheba
200
Salz-meer/Totes Meer
100
Negeb
Wessert en Nimrin
200
Sered
Bach Ägyptens
Kadesch-Barnea
1035
Araba/Salztal
EDOM
1585
1006
500
200
Seir
100
1557
1743
Petra
500
Hor
1336
100
Teman?
1725
500
100
1050
1592
Elat
Königsweg
200
500
Amana
Weihräuchstraße

Palästina im 2. Jahrtausend v. Chr.

Die Karte zeigt die Siedlungsgeschichte Palästinas vor der Entstehung der Staaten Israel und Juda. In der Frühbronzezeit I–III (ca. 3300–2200 v. Chr.) entwickelte sich eine blühende Stadtkultur, die vor allem vom zunehmenden Wein- und Olivenanbau, der damit verbundenen Überschussproduktion und dem sich daraus ergebenden Handel profitierte. Um etwa 2200 v. Chr. wurden nahezu alle Städte offenbar freiwillig verlassen. Die Gründe für diesen Niedergang der Stadtkultur sind noch immer ungeklärt. Bisher gibt es weder Belege für eine tief greifende Veränderung der klimatischen Bedingungen noch für eine kriegerische Eroberung der Städte. Es folgte eine ungefähr 200 Jahre während Periode, in der die Menschen vorwiegend als Nomaden von Kleinviehzucht (Schafe und Ziegen) lebten. Ab etwa 2000 v. Chr. bildeten sich vor allem im Küstengebiet und in den fruchtbaren Ebenen allmählich wieder größere Städte mit eigenen Fürsten oder Königen heraus. Die einzelnen Städte kontrollierten jeweils die sie umgebenden Regionen, deren Ackerflächen zur Versorgung der Stadtstaaten dienten. In Ägypten wurden drei Gruppen sog. Ächtungstexte (19.–17. Jahrhundert v. Chr.) gefunden. Hierbei handelt es sich um Schalen oder Figurinen, die mit Reihungen von Städtenamen und den Namen der sie regierenden Könige beschriftet waren. Durch deren Zerbrechen sollte auf magische Weise der ägyptische Herrschaftsanspruch über die genannten Städte ausgedrückt werden. Ab dem 15. Jahrhundert v. Chr. gelang es den ägyptischen Pharaonen, durch regelmäßige Feldzüge nach Palästina und Syrien dieses Territorium dauerhaft unter ägyptische Oberhoheit zu bringen und zu verwalten. Die Orte, die bei den Feldzügen berührt wurden, wurden in langen Reihen an den ägyptischen Tempelwänden schriftlich festgehalten. Die umfangreichste Liste mit insgesamt 350 Namen stammt von Thutmosis III. (1479–1426 v. Chr.). Aus der Regierungszeit Amenhotep III. (1390–1353 v. Chr.) und seines Sohnes Amenhotep IV./Echnaton (1353–1336 v. Chr.) stammen die sog. Amarnabriefe, die größtenteils in der damaligen ägyptischen Hauptstadt el-Amarna gefunden wurden. Diese Briefe wurden von palästinischen, syrischen und mesopotamischen Herrschern von Stadtstaaten verfasst, die darin die jeweiligen politischen Verhältnisse in ihrer Region schildern und den ägyptischen Pharao zum Eingreifen auffordern.

Die Karte zeigt die lokalisierbaren Orte der Ächtungstexte, der Feldzugsliste Thutmosis III. und der Amarnabriefe. Damit vermittelt sie einen Eindruck von der Verteilung der Stadtstaaten im 2. Jt. v. Chr. Das efraimitische und judäische Bergland war, wie archäologische Untersuchungen belegen, nur sehr dünn besiedelt. Lediglich Jerusalem und Sichem waren in diesem Gebiet bedeutendere Orte. Ähnlich dünn war auch die Siedlungsdichte im Ostjordanland. Die meisten der in diesem Gebiet eingezeichneten Ortslagen dürften allenfalls Dörfer gewesen sein. Ohnehin waren auch die Stadtstaaten in ihrer Flächenausdehnung nicht allzu groß. Während der Spätbronzezeit (ca. 1550–1200 v. Chr.) waren nur Lachisch (20 ha) und Hazor (84 ha) auf einer Fläche von mehr als 10 ha bewohnt.

Mittel-
meer
Rehob
Kumidi
Şidon
Upe
Damaskus
Hermon
2214
Ijon
Litani
Tyrus
Abel-Bet-Maacha
Kana
Lajisch
Bet-Anat?
Hule-
See
Jordan
1204
Rehob?
Galiläa
1208
Hazor
Garu
Akko
Mischal?
Nurpi
Ziribaschan
Achschaf
526
Kinneret
Aschtarot
Baschan
Jasuf?
Schemesch-Adam
See
Gennesaret
-212 m
Gat-Karmel
Hannaton
Kenat
546
Adami-Nekeb
Jenoam
Dion?
Geba-Schemen?
Schimron
588
Jarmuk
Helkat
Tabor
Bet-Schemesch?
Abila
Jokneam
Anaharat
Edrei
Dor
Gaba
515
Jarmut
Tob
Bosora
Megiddo
Schunem
Naziba?
Zarar
Taanach
Zafet
497
Bet-Schean
Aron
Burquna
Gina
Rehob?
Pella
Abel?
Adoren
Jibleam
Migdal
Hamat
1198
Amschan
Gat-Padalla
Jachem
Socho
Maqraput?
Schasu
Ebal
940
Gebirge Efraim
Sichem
Jabbok
Gat-Eti?
Saron
Kana
Wadi Fara
1042
Afek
Jafo
Gat-Rimmon
Ono
Ijon?
Lod
943
Baal-Hazor
1016
Abel-Keramim
Muchazi
Lus
Gibbeton
Bet-Haram
Geser
Ajalon
Bet-Horon
(oberes)
Rabba?
Jerusalem
Nebo
Bet-El?
Sorek
Aschdod
Bet-Schemesch
821
869
Gat
Abarim
Aschkelon
Anakiter
799
Keila
Gebirge Juda
1020
Lachisch
Salz-
meer/
Totes
Meer
-392 m
Gaza
Adorajim
Dibon
Scharuhen
Arnon
Yurza
Socho
1065
909
Abel?
Rafia
Emiter
Jarut
Schasu
Negeb
Harkar?
Wassel Ken
Nimrim
Höhenschichten
über 1000 m
750 – 1000 m
500 – 750 m
200 – 500 m
0 – 200 m
unter 0 m
Ort
Kanaan   Landschaftsname
Hermon   Berg- oder Gebirgsname
412   Berg mit
Höhenzahl in Metern
Jordan   Gewässername
EMITER   Stammesname
0   10   20   30   40   50 km
© 2000 by Calwer Verlag Stuttgart

Der Exodus

Die Karte zeigt neben den ägyptischen Ortslagen im Deltabereich, die hier – soweit sie in der Bibel erwähnt werden – unabhängig von der Datierung der entsprechenden Texte eingezeichnet sind, die lokalisierbaren Orte der Wüstenwanderung bis zur Ankunft an der ostjordanischen Seite des Jordan (2. bis 5. Mose). Zudem sind die Bergbaugebiete auf der Sinaihalbinsel und im Arababereich eingezeichnet.

Der genaue Weg der Israeliten bei ihrer Wüstenwanderung ist noch immer nicht geklärt, zumal die heutige biblische Überlieferung offenbar verschiedene literarische Schichtungen mit je eigenen Wegführungen kombiniert. So lokalisiert eine Überlieferung den Durchzug durchs Schilfmeer bei den Bitterseen, eine andere beim Sirbonischen See. Wiederum in anderen biblischen Überlieferungen sind mit dem Namen »Schilfmeer« der Golf von Suez und der Golf von Aqaba gemeint. Die unterschiedlichen, von den Autoren der einzelnen Quellenschriften angenommenen Wegstrecken des Auszugs werden sich an den allgemein üblichen Wegen im Sinaigebiet orientiert haben. Aus diesem Grunde wurden die nabatäischen Straßenverläufe aus der Zeit um die Zeitenwende eingetragen. Sie sind die ältesten einigermaßen zuverlässig rekonstruierbaren Straßenverläufe in dieser Region. Auch wenn die Nabatäer erst rund 1000 Jahre nach dem Exodusgeschehen lebten, ist zu vermuten, dass sie sich bei ihren Reisen an seit Jahrhunderten bekannten Wegen orientiert haben. Eine Exodusroute der aus Ägypten ausgewanderten Israeliten wurde aus den angegebenen Gründen bewusst nicht eingezeichnet.

Auch die Lage des Berges Sinai bzw. des Berges Horeb ist bis heute noch immer nicht geklärt. Für den Ğebel Mūsā (arab. Moseberg) beim Katharinenkloster im Süden der Sinaihalbinsel lässt sich erst ab dem 4. Jahrhundert n. (!) Chr. eine Verehrung als Wallfahrtsort belegen. Der Erzählablauf der Bücher 2. bis 5. Mose legt eine Lage des Sinai auf der Sinaihalbinsel nahe. Eine ältere Tradition scheint dagegen den Sinai im südlichen Ostjordanland im Siedlungsgebiet der Edomiter und Midianiter (vgl. Karte 4) zu suchen (5. Mose 33,2 [Seir = Edom]; Richter 5,4; Habakuk 3,3; vgl. 2. Mose 3,1). Wahrscheinlich war der Sinai der ursprüngliche Kultort des biblischen Gottes Jahwe. Mit der Errichtung des salomonischen Tempels in Jerusalem im 10. Jahrhundert v. Chr. verlor der Sinai jedoch zunehmend an Bedeutung, zumal er nun auch im Gebiet rivalisierender Stämme lag. Dies führte schließlich dazu, dass die genaue Lage des Sinai nicht mehr überliefert wurde. So konnte er bei der Gestaltung der Auszugsüberlieferung in 2. bis 5. Mose auf der Sinaihalbinsel lokalisiert werden, die erst in einer späteren Zeit nach diesem Berg benannt wurde.

Mittelmeer
Rosetta-Mündung
Damietta-Mündung
Mensale-See
Moeris-See
Nil
ÄGYPTEN
Memfis
Heliopolis/Bet-Schemesch/On
Pi-Baset
Zoan
Ramses
Tachpanhis
Pitom
Sukkot
Migdol
Sin
Pi-Hahirot
Baal-Zefon/Mons Cassius
Sirbonischer See (Schilfmeer)
Timsa-See
Bitter-Seen (Schilfmeer)
Wüste Goschen
Wüste Etam
Wüste Schur
Wüste Sin
via maris
Gaza
Horma?
Arad
Kadesch
Wüste Zin
Skorpionen-Steig
Obot
Punon
Hor
Petra
Zalmona
Nebo
Gilgal?
Jericho
Jerusalem
Almon-Diblatajema
Martana
Dibon
Jahaz
Ije-Abärim
Moab
Sered
Edom
Jabbok
Jordan
Totes Meer
Wüste Paran?
Midian
Weihrauchstraße
Elat
Ezjon-Geber
Golf von Akaba (Schilfmeer)
Gebel Musa
Serabit el-Hadim
Mara?
Golf von Suez (Schilfmeer)
Rotes Meer
Höhenschichten
über 1000 m
750 – 1000 m
500 – 750 m
200 – 500 m
0 – 200 m
unter 0 m
Bergbaugebiet
Ort
Straßenverläufe der Nabatäerzeit (mögliche Auszugsrouten)
Quellen und Brunnen
Berg
0 20 40 60 80 100 km
© 2000 by Calwer Verlag Stuttgart

Das Stämmesystem in Israel nach Josua 13–21

Gezeigt werden alle lokalisierbaren Orte dieser biblischen Kapitel. Die alttestamentliche Forschung ist zu dem Ergebnis gekommen, dass die in Josua 13–21 genannten Ortschaften nicht die Siedlungen während der sog. Landnahme wiedergeben; in diesen Zusammenhang wurden die Kapitel erst im Laufe der Endgestaltung des Josuabuches eingereiht. Die »Landnahme« der einzelnen Stämme wird heute als ein Prozess verstanden, der sich in der Zeit von ca. 1250 bis etwa 1100 v. Chr. vollzog und auf ganz unterschiedliche Ursachen zurückgeführt wird. Das Buch Josua, das in einem großen zeitlichen Abstand zu den beschriebenen Ereignissen abgefasst wurde, verstand die Landnahme als kriegerischen Vorgang, in dem das gesamte Volk Israel in das Land einmarschierte und die dort ansässigen Kanaanäer vertrieb. Heute dagegen geht man davon aus, dass es sich bei der relativ kleinen Exodusgruppe nur um einen Stamm oder eine Sippe handelte, die später in dem Staatsgebilde Israel aufging.

Unter historischen Gesichtspunkten ist die sog. Landnahmezeit eine Periode tief greifender Umbrüche und politischer Veränderungen. So wurden 1180 v. Chr. Seevölkergruppen, insbesondere die im Alten Testament erwähnten Philister, von Pharao Ramses III. (1187–1156 v. Chr.) im Küstenbereich Palästinas angesiedelt. Damit verdrängten sie einen Teil der dort wohnenden Kanaanäer, die sich nun eine neue Wohnstatt suchen mussten. Auch gab es zu jener Zeit offenbar mehrfach Hungersnöte, die die Existenz von Städtern und Nomaden bedrohten. Ebenfalls scheinen in dieser Zeit die Handelsverbindungen aus unterschiedlichen Gründen zusammengebrochen zu sein, was wiederum für die auf den Handel spezialisierten Stadtbewohner zu Änderungen im Erwerb ihres Lebensunterhalts führte. All dies hatte eine Neugestaltung der Lebensweise der Bewohner Palästinas zur Folge. Viele der spätbronzezeitlichen Städte wurden aufgegeben und verlassen. Dagegen entstanden im bis dahin nahezu unbesiedelten Bergland kleine Siedlungen, deren Bewohner von Kleinviehzucht und geringem Ackerbau lebten. Diese Orte waren untereinander in einem Stammessystem verbunden. Die einzelnen Stämme unterstützten sich im Kriegsfall und in anderen Notsituationen gegenseitig.

Die auf dieser Karte wiedergegebenen Ortslagen aus Josua 13–21 lassen sich nicht einer einzigen Periode der Geschichte Israels zuordnen. Die Grenzbeschreibungen in diesen Kapiteln stammen vielleicht aus dem 10. Jahrhundert v. Chr., der Zeit Salomos, und repräsentieren somit den Gebietsanspruch der einzelnen Stämme zu Beginn des von einem einzelnen König regierten gemeinsamen Reichs. Die meisten Ortsnamen stammen aus der späteren Königszeit (8./7. Jahrhundert v. Chr.). Die Karte vermittelt somit in etwa eine Vorstellung von der Siedlungsdichte während dieser Zeit, wobei zu den hier aufgeführten größeren Ortschaften noch weitere, in Josua 13–21 nicht genannte, aber archäologisch nachgewiesene Dörfer kommen.

Höhenschichten
über 1000 m
750 – 1000 m
500 – 750 m
200 – 500 m
0 – 200 m
unter 0 m

Ort
Gilead   Landschaftsname
Hermon   Berg- oder Gebirgsname
588   Berg mit
Höhenzahl in Metern
Jordan   Gewässername
NAFTALI   Stammesname
(in verschiedenen Farben)
ABIESER   Sippenname

0   10   20   30   40   50 km

© 2000 by Calwer Verlag Stuttgart

1 En-Gannim
2 Nahalal
3 Daberat
4 Kislot-Tabor
5 Dabbeschet
6 Rama
7 Gibea (in Benjamin)
8 Almon
9 Gallim
10 Anatot
11 Me-Neftoach
12 Kesalon
13 En-Schemesch
14 En-Gannim
15 Bet-Schemesch
16 Ir-Schemesch

H. Hinnom (Tal)
J.-E. Tal von Jiftach-El
Re. Refaim (Ebene)
Ro. Rogel-Quelle
S.-L. Schihor-Libnat

Mittel-
meer

Sidon
Baal-Gad?
Amana
Libanon
Hermon
2214
MAACHA
Litani
Mahaleb
Tyrus
Hosa
Kana
Bet-Anat?
Lajisch/Dan
DAN
ARAM
ASCHER
Hammon
Abdon
Achsib
Alammelech?
Akko
Achschaf
Afek?
Rama?
Rehob?
Jiron?
Kedesch
Bet-
Schemesch?
Hazor
NAFTALI
Galiläa
Hule-
See
Geschur
Rama?
Mischal
Kinneret
Golan?
Aschtarot
Nea?
Adama
Migdal-El
Adami-
Nekeb
Rakkat
See
Kinneret
-212 m
Baschan
Beten?
Hali
Betlehem
Helkat
Schimron?
Rimmon
Hannaton
Et-Kazin?
Gat-Hefer?
Asnot-
Tabor
Helef?
Hammat
Jabneel
Lakkum
Gilead
Kabul
SEBULON
Hukkok?
Tabor
En-
Hadda
Bet-Schemesch?
Edrei
Karmel
Marala?
Jafia
588
Ana?
Schion
Dor?
Jokneam
Sarid
Schunem
En-Dor
ISSACHAR
Ramot-Gilead
Megiddo
Hafarajim?
Jarmut
Kischon
Jesreel
Bet-Schean
Salcha?
Taanach
Jibleam
MANASSE
Dotan
Zafon
Sukkot
Mahanajim
Jabbok
Tirza
HELEK
940
Michmetat?
SCHEMIDA
881
Ebal
Sichem
ABIESER
Garizim
ASRIEL
Janoach?
Taanat-
Schilo
Kibzajim
Me-Jarkon?
Timnat-Serach
En-Tappuach
Schilo
GAD
Gat-Rimmon
Tappuach
Schilo
Gilead
Jafo
Bene-Berak
Atarot
Betonim
AMMON
Azor
Jehud
EFRAIM
Baal-Hazor
1016
Jordan
Jaser
Aroer
Rabba (t-Bene-Ammon)
ARKITER
Ofra
Bet-Nimra
Elteke?
Gibbeton
JAFLETITER
Naara?
Gezer
Bet-Horon
(unteres)
Rama?
Bet-Horon
(oberes)
Mizpa
Atrot-Addar
Geba
Bet-Haram
Jabneel?
Baalat?
DAN
Schaalbim
Ajalon
Gibeon
Achor
Gilgal
Heschbon
Schikkaron?
Kefira
Moza?
Para
Jericho
Bet-Jeschimot
Bet-Pegor
Sorek
Timna
Eschtaol
Baala
Zela?
Adummim?
Debir
Bet-Hogla
Nebo
Bet-Araba
Medeba
Ekron
Zora
BENJAMIN
Jerusalem
Bet-Peor
Bamot-Baal?
Aschdod
Jarmut
Manocho?
Bet-Ter
Bet-Kerem
Bet-Araba
Kirjatajim
Gat
Aseka
Socho
Sanoach
Bethlehem
Baal-Meon
Schikkaron?
Gedera
Timna
Etam
Pegor
RUBEN
Aschkelon
Libna
Marescha
Keila
Gedor
Tekoa
Ir-Melach?
-392 m
Jahaz
Eter
Adullam
Bet-Zur
Haihul
Eglon?
Lachisch
Nezib
Bet-Anot
Dibon
Mefaat
Migdal-Gad
Lachmas?
Makkeda
Bet-Tappuach
Hebron
Kedemot
Gaza
JUDA
KENASITER
Debir
Jutta
Sif
En-Gedi
Salz-
meer/
Totes
Arnon
Aroer
Scharuhen
Duma?
Socho
Arab?
Karmel
MOAB
Anab?
Eschtemoa
Maon
Meer
Ziklag?
En-Rimmon
Madmanna
Jattir
Anim
Kerijot-Hezron
Sansanna
Arad
Beerscheba
Hazar-Schual?
Horma?
KENITER
Wasser von
Nimrim
Molada?
Kina
Aroer
Rama?
Negeb
Ezem?
SIMEON
Sered
Skorpionen-
steig
Wüste Zin
Bach Ägyptens
EDOM
Hezron?
Kadesch-Barnea
Schefela
PHILISTER
AWA
ANAKITER
Karmel

Die Richter- und frühe Königszeit

Die Karte umfasst die Ortslagen, die in den Büchern Richter, Josua (ohne Kapitel 13–21), 1. und 2. Samuel sowie 1. Könige (bis Kapitel 11) genannt werden. Historisch wird damit der Zeitraum von der sog. Landnahme (siehe dazu die Beschreibung der Karte 4) bis zum Tode Salomos 926 v. Chr. erfasst.

Nachdem sich allmählich sowohl die Nordreichstämme als auch das relativ kleine, von den Hauptverkehrsstraßen weit abgelegene und politisch wie hinsichtlich seiner Einwohnerzahl ziemlich bedeutungslose Juda in ihren Stammesgebieten festgesetzt hatten, verfestigten sich auch die Beziehungen unter den Nordreichstämmen, um sich vor allem im Kriegsfall gegenseitig zu unterstützen. Unabhängig von den Stämmen und selbstverwaltet gab es zwischen den Stammesgebieten noch Stadtstaaten wie z. B. Geser, Keïla oder Jerusalem. Vor allem durch den militärischen Druck der in der Küstenebene wohnenden Philister und der sonstigen Seevölkergruppen, die ihr Territorium nach Osten hin ausdehnen wollten, aber auch durch kriegerische Streitigkeiten mit anderen Nachbarvölkern waren die Stämme herausgefordert, ihre militärische Schlagkraft zu festigen. Dies führte zunächst zur Herausbildung zeitlich begrenzt wirkender militärischer Führer. Die Richter hatten dagegen in den einzelnen Stämmen (aber noch nicht stammübergreifend!) erste Verwaltungs- und Rechtsaufgaben inne. Alsbald zeigte sich zumindest im Nordreich Israel, dass eine stammesübergreifende Führergestalt nötig war, um gemeinsame kriegerische Aktionen der Nordreichstämme gegen die Seevölker zu organisieren. Der erste König, der militärische mit verwaltenden und richterlichen Aufgaben verband, war Saul. Etwa zur selben Zeit wurde David König im Südreich Juda. Nach dem Tod Sauls baten ihn die Führer des Nordreichs Israel, auch die Königswürde für das Nordreich zu übernehmen. Für einen Zeitraum von ca. 80 Jahren, wenn man den auffällig runden Regierungszeiten von jeweils 40 Jahren für David und seinen Sohn Salomo trauen darf, wurden nun Israel und Juda von einem gemeinsamen Herrscher regiert. Dass dessen Machtfülle relativ beschränkt war, belegen eindrücklich die Listen der jeweiligen Funktionsträger (2. Samuel 8,16–18; 20,23–26; 1. Könige 4,1–19).

David eroberte mit seinem Privatheer den bis dahin selbstständigen Stadtstaat Jerusalem und kürte diese auf der Grenze zwischen Nord- und Südreich gelegene Stadt zur Hauptstadt der geeinten Reiche. Ihm gelang es auch, die politische und militärische Macht der beiden Reiche auszubauen und benachbarte Gebiete unter seine Kontrolle zu bringen. Auf der Karte ist Davids Großreich, das sein Sohn Salomo weitgehend übernahm, farbig abgegrenzt. Salomo war scheinbar weniger an außenpolitischen Machterweisen als vielmehr an einer kulturellen Stärkung (Ausbildung von Weisheit) und an einer Baupolitik, die seine Macht verdeutlichen sollte (z. B. Jerusalemer Tempel), interessiert. Zur besseren Verwaltung des Reiches teilte er dieses in 12 Verwaltungsbezirke ein (1. Könige 4,7–19), deren ungefähre Grenzen gleichfalls auf der Karte angegeben sind.

Höhenschichten
über 1000 m
750 – 1000 m
500 – 750 m
200 – 500 m
0 – 200 m
unter 0 m
Ort
Quelle
Gilead   Landschaftsname
Hermon   Berg- oder Gebirgsname
588   Berg mit Höhenzahl in Metern
Jordan   Gewässername
JUDA ARKITER   Stammes- und Sippenname
Grenze Israels und Judas z.Zt. Davids
Grenze von Davids eroberten Gebieten
ungefährer Verlauf der Verwaltungsbezirke Salomos
0 10 20 30 40 50 km
© 2000 by Calwer Verlag Stuttgart
1 Baal-Tamar
2 Bet-Horon (unteres)
3 Bet-Horon (oberes)
4 Michmas
5 Senne
6 Amma
7 Rama
8 Geba
9 Gibea (in Benjamin)
10 Gallim
11 Anatot
12 Kulthöhe von Rama
Ro. Rogel-Quelle
Re. Refaim (Ebene)
Mittel-
meer
Totes
Meer
Molada?
Aroer
Rama?
Ezem?
Tamar?
Zoar
Sered
Rehobot-Nahar
Obot
Bozra
Punon
Paran
Hor
El-Paran
Teman?
Ismaeliter
Ezjon-Geber
Elat
G. von Akaba
0 10 20 30 40 50 km
Sidon
Libanon
Rehob
Baal-Gad?
Damaskus
Amana
Mahaleb
Tyrus
PHÖNIZIER
Litani
Hermon
2214
MAACHA
Abel-Bet-Maacha
Jordan
Dan
Bet-Anat?
Kedesch
Hule-See
Hazor
Kinneret
See Kinneret
-212 m
Golan?
Aschtarot
Katnajim
Helam?
Kenat?
Achsib
Rehob?
Geschur
Akko
Achschaf
Kabul
Afek?
Betlehem
Baschan
Kamon
Edrei
Haroschet-Gojim?
Nahalal
Schimron
Jafia
Tabor 588
Bet-Schemesch?
Roglim?
Ham
Ramot-Gilead
Tob
Salcha?
Dor
Jokneam
Megiddo
En-Dor
Schunem
More
Hefer
Jibleam
Gur
Dotan
Besek
Abel-Mehola
Jesreel
Bet-Schitta
Harod?
Gilboa
Bet-Schean
Tabbat?
Jabesch-Gilead
Taanach
Arubbot?
Socho
Geba
Tebez
Tirza
Zafon
Gilead
Machir
SCHEMIDA
ABIESER
Schalischa
Ofra
Ebal 940
Sichem 881
Garizim
Aruma
Zalmon?
Sukkot
Mahanajim
Pnuel
Jabbok
Mizpe-Gilead
ASRIEL
Jaschub
Kana
Timnat-Serach
Lebona
Tappuach
Silo
Adam
Gilead
Nobach
Jogboha
Afek
Eben-Eser?
Zereda?
Atarot
Betonim
Aroer
Rabba(t-Bene-Ammon)
Baal-Hazor 1016
Lus/Bet-El
Ofra
Rama
Ai
Migron
Giach
Jericho
Jaser
Schaalbim
Ajalon
Geser
Gibeon
Beerot
Rimmon
Gilgal?
Abel-Keramim
Mizpa
Almon
Bahurim
Achor
Bet-Nimra
Nobach
Kirjat-Jearim
Moza
Zela?
Nob
Jerusalem
Bet-Araba
Abel-Schittim
Bet-Haram
Elale
Minnit
Timna
Eschtaol
Zora
Etam
Re.
Ro.
Bet-Jeschimot
Nebo
Heschbon
Ekron
Huscha?
Baal-Perazim
Betlehem
Netofa
Bamot-Baal?
Kirjatajim
Baal-Meon
Medeba
Aschdod
Bet-Schemesch
Jarmut
Aseka
Timna
Etam
Pegor
Tekoa
Atarot
Almon-Diblatajema
Aschkelon
Achsib
Adullam
Keila
Gedor
Bet-Zur
Jahaz
Libna
Bor-Sira?
Bet-Tappuach
Hebron
Dibon
Aroer
Kedemot
Gaza
Lachisch
Aschna?
Makkeda
Sif
Wüste Sif
En-Gedi
Salz-meer/Totes Meer
-392 m
Arnon
Arbim-Moab
Debir
Anab
Eschtemoa
Jattir
Karmel
Maon
Anim
KENASITER
JERACHMEELITER
Gerar
Ziklag
Rehobot?
Beerscheba
Horma?
Arad
KENITER
MOAB
Horonajim
Molada?
Aroer
Ezem?
Rama?
Besor
Ije-Abarim
Wasser von Nimrin
Tamar?
Zoar
Sered
Rehobot-Nahar
Salztal
Siddim
Kadesch-Barnea
Obot
Bozra
EDOM
Seir
Wüste Zin
Skorpionensteig
Bach Agyptens
PHILISTER
ANAKITER
AWA
AMALEKITER
Schefla
KARMEL
SEEVÖLKER
JUDA
ISRAEL
ARKITER
Galiläa
Gat

Israel und Juda
von der Reichsteilung bis zum Untergang Israels

Die Darstellung umfasst die Periode von 926 v. Chr. bis zum Jahre 722 v. Chr., als das Nordreich von den Assyrern erobert wurde. Neben den einschlägigen Texten der Königebücher sind auch die Texte der Propheten dieser Zeit sowie die assyrischen Inschriften berücksichtigt.

Mit dem Tod Salomos zerfielen die beiden seit David (vgl. Karte 5) vereinten Reiche Israel und Juda wieder in eigenständige Königtümer. Der Stamm Benjamin hielt sich allerdings zum Südreich Juda, so dass die – anfangs stark umkämpfte – Grenzlinie zwischen beiden Reichen nun wenige Kilometer nördlich von Jerusalem verlief. Das ohnehin recht kleine Südreich Juda lag weiterhin abseits der großen Handelsstraßen und damit auch abseits der politischen Machtinteressen im Nahen Osten. Nach Süden hin konnte sich Juda erst im frühen 8. Jahrhundert v. Chr. in den Negeb hinein ausbreiten und somit den von Saudiarabien kommenden Weihrauchhandel in diesem Gebiet kontrollieren. Das Nordreich Israel stand dagegen im späten 10. und 9. Jahrhundert v. Chr. stark im Mittelpunkt der politischen Ereignisse. Zunächst war es in heftige kriegerische Auseinandersetzungen mit den Aramäern verstrickt und verlor Teile des Ostjordanlands. Unter den Königen Omri (882/878–871 v. Chr.) und Ahab (871–852 v. Chr.), der sich mit Isebel, der Tochter des Königs von Tyrus, verheiratet hatte, verbesserten sich die Handelsbeziehungen nach Phönizien. Mitte des 9. Jahrhunderts v. Chr. begann das assyrische Reich seinen Einflussbereich nach Palästina hin auszudehnen. Schon der Nordreichkönig Jehu (845–818 v. Chr.) war gegenüber den Assyrern tributpflichtig. Da man während vermeintlicher Schwächeperioden der Assyrer (z. B. nach einem Herrschaftswechsel) die Tributzahlungen einstellte, eroberte der assyrische König Tiglat-Pileser III. (745–727 v. Chr.) bei neuerlichen Feldzügen Teilgebiete Palästinas. Der ungefähre Verlauf seiner Feldzüge ist mit entsprechender Jahreszahl auf der Karte eingetragen. 732 v. Chr. wurden weite Teile des Nordreichs assyrische Provinz; nur der Rumpfstaat Efraim auf dem gleichnamigen Bergland verblieb in israelitischer Hand. Nach einem weiteren Aufstand wurde 722 v. Chr. auch Efraim erobert. Damit hatte das Nordreich Israel seine Eigenständigkeit verloren und wurde weitgehend entvölkert. Ein Teil der Oberschicht wurde von den Assyrern nach Mesopotamien deportiert, ein anderer floh in den Süden oder in die ostjordanischen Gebiete und suchte sich dort eine neue Heimat.

Während im Südreich weiterhin Jerusalem Sitz des Königshauses war, wechselte die Hauptstadt des Nordreichs mehrfach. Zunächst hatte Sichem für kurze Zeit diese Funktion inne. Schon nach wenigen Regierungsjahren wich der israelitische König Jerobeam I. (926–907 v. Chr.) ins ostjordanische Pnuël aus, um vor dem ägyptischen Pharao Scheschonk (945–924 v. Chr.), der einen Feldzug nach Palästina durchführte, zu fliehen. Nach Beendigung des ägyptischen Beutezuges kehrte Jerobeam ins Westjordanland zurück und machte nun Tirza zur neuen Residenzstadt. Unter Omri wurde dann das von diesem neu errichtete Samaria Hauptstadt des Landes. Als Ersatz für das Nationalheiligtum in Jerusalem, das nun im Südreich Juda lag, errichtete Jerobeam I. im Norden Israels in Dan und im Süden in Bet-El zwei Grenzheiligtümer, die dem König unterstanden und an denen der Nationalgott Jahwe verehrt wurde.

Höhenschichten
über 1000 m
750 – 1000 m
500 – 750 m
200 – 500 m
0 – 200 m
unter 0 m
Ort
Galiläa   Landschaftsname
Hermon   Berg- oder Gebirgsname
588   Berg mit Höhenzahl in Metern
Jordan   Gewässername
PHÖNIZIER   Stammesname
0 10 20 30 40 50 km
© 2000 by Calwer Verlag Stuttgart

Totes Meer
Kir
Lühit
Zoar
Sered
Sela
Bozra
Edom
Seir
Teman?
Paran?
Elat
Ezjon-Geber
G. von Akaba
Salz-ztal
0 10 20 30 40 50 km

Sidon
Sarepta
PHÖNIZIER
Libanon
733, 734
Bikat-Awen?
Hermon
2214
Damaskus
Amana
Damaskus
732
Parpar
Mahaleb
Tyrus
Hosa
Jonoach
Litani
Abel-Bet-Maacha
Ijon
733, 734
Dan
Jordan
733
732
733, 734
Hule-See
Hazor
Galiläa
733
Karnajim
732
Kinneret
733
See Kinneret
-212 m
Afeq
Karnajim
732
Gat-Hefer
733
Jarmuk
Baschan
Tabor
588
Schunem
Megiddo
Jesreel
Kischon
Sharon
Karmel
ISRAEL
Ramot-Gilead
733
Bet-Gan
Bet-Eked?
Jibleam
Dotan
Abel-Mehola
Tischbe?
733
Gilead
HELEK
Jasit
Tirza
Samaria
Sefer
Azza
Hazerot
940
Ebal
Kur
881
Sichem
Garizim
SCHEMDA
ABIESER
Elmatan
Beerajim
SAMARIEN/EFRAIM
Baal-Schalischa
Kana
Jaschub
W.Fara
Adam
Pnuel
Jabbok
Jordan
Baal-Hazor
1016
AMMON
Jaser
Rabba(t-Bene-Ammon)
Bet-El
Rama
Aja?
Migron
Michmas
Achor
Mizpa
Geba
Jericho
Gilgal?
Gibeon
Rama
Gibea (in Benjamin)
Galljm?
Anatot
Nob
Abel-Schittim
Refaim
Jerusalem
Baal-Perazim
Betlehem
Zora
Ekron
Bet-Schemesch
Aseka
Nebo
Elale
Heschbon
Gat
Adullam
Tekoa
Blütensteige
Nebo
Bamot-Baal?
Medeba
Kirjatajim
Baal-Meon
Moreschet-Gat?
Libna
Marescha
Bet-Leafra
Lachisch
Bet-Zur
Adorajim
Hebron
Almon-Diblatajema
Atarot
Jahaz
Kerijot
Aschkelon
Gaza
Ar(-Moab)
Arnon
Dibon
Aroer
MOAB
JUDA
Maon
Salz-meer/ Totes Meer
-392 m
Negeb
Arad
Beerscheba
Dimon
Horonajim
Kir
Wasser von Nimrim
Lühit
Mittel-meer
PHILISTER
Schefela
Sorek
Gibbeton
Geser
Aschdod
734
733
Verlauf assyrischer Feldzüge (mit Jahresangabe)
JUDA   Namen assyrischer Vasallenstaaten
Grenze assyrischer Provinzen
Damaskus
732   Name assyrischer Provinzen (mit Jahreszahl der Einrichtung)

Palästina bis zum Untergang Judas

Die Karte beschreibt die Periode nach der Zerschlagung des Nordreichs 722 v. Chr. bis zur Eroberung des Südreichs Juda durch die Babylonier 587 v. Chr. Neben den Texten der Königebücher und der spätvorexilischen Propheten ist in dieser Karte auch die sog. Liste der Festungen Rehabeams (926–910 v. Chr.) aus 2. Chronik 11,5–12 eingezeichnet, die entgegen der biblischen Zuschreibung wohl aus der Zeit des 7. Jahrhunderts v. Chr. (Zeit Joschijas ?) stammt.

Durch die Eroberung des Nordreichs und die Umwandlung des Reststaates Efraim (vgl. Karte 6) in eine assyrische Provinz kam es zu einer starken Entvölkerung des Nordens. Ein Großteil der Bevölkerung floh in das Südreich Juda, das innerhalb kurzer Zeit ein starkes Bevölkerungswachstum und eine territoriale Ausweitung in Richtung Süden aufwies (vgl. Karte 16a). Das Gebiet Judas wurde nun nach Süden hin wesentlich dichter bewohnt. Der judäische König Hiskija (725–697 v. Chr.) versuchte durch staatliche Maßnahmen (Organisation des Weinanbaus und -handels, Errichtung von Gehöften, Bau des sog. Hiskijatunnels in Jerusalem, Erweiterung des Stadtareals von Jerusalem) das Volk ausreichend mit Arbeit und Nahrung zu versorgen. Sein Abfall von den Assyrern veranlasste 701 v. Chr. den Assyrerkönig Sanherib (705–681 v. Chr.) zu einem Feldzug gegen Juda. Die Städte in der Schefela (vgl. Karte 2) zerstörte er weitgehend; die Eroberung von Lachisch ließ er in seinem Palast in Ninive in einem Zyklus von Wandreliefs darstellen. Trotz längerer Belagerung gelang es ihm aber nicht, Jerusalem einzunehmen.

Hiskijas Nachfolger Manasse (696–642 v. Chr.) bemühte sich während seiner langen Regierungszeit um gute wirtschaftliche und kulturelle Kontakte zu den Assyrern und erreichte damit eine Blütezeit für Juda. Die enge Anlehnung an Assyrien führte innenpolitisch zu einer Oppositionsbewegung, die sich um eine verstärkte Ausrichtung am traditionellen Jahweglauben bemühte und gegen einen kulturellen Pluralismus wandte.

Nachfolger Manasses war dessen Sohn Amon (641–640 v. Chr.). Als dieser bei einer Verschwörung getötet wurde, setzte das Volk den erst 8-jährigen Amon-Sohn Joschija (639–609 v. Chr.) als dessen Nachfolger ein. Während seiner Regierungszeit wurde das assyrische Reich zunehmend geschwächt. 622 v. Chr. nützte dies Joschija, unterstützt von Vertretern der antiassyrischen Oppositionsbewegung, um sich von der politischen Abhängigkeit von Assyrien zu lösen und den Kultbetrieb von kulturellen Verfremdungen zu reinigen. Die Grundlage für die Reformmaßnahmen (vgl. 2. Könige 22 f.) bildet der Grundbestand des 5. Buches Mose. Als Joschija 609 v. Chr. bei Megiddo dem ägyptischen Pharao Necho, der die Assyrer gegen die Babylonier unterstützen wollte, entgegentrat, fand er den Tod. Sein Nachfolger Joahas wurde von den Ägyptern, die nun für kurze Zeit die Oberhoheit über Palästina innehatten, kurzerhand abgesetzt. Neuer König wurde Jojakim (608–598 v. Chr.). 605 v. Chr. errangen die Babylonier die Oberhoheit über Palästina. Um 600 v. Chr. schloss sich Juda einer Koalition an, um das babylonische Joch abzuschütteln. Unter Jojakims Nachfolger Jojachin (598–597 v. Chr.) eroberte Nebukadnezzar nach dreimonatiger Belagerungszeit Jerusalem und deportierte die Oberschicht nach Mesopotamien. Statt Jojachin inthronisierten die Babylonier nun Zidkija (597–587 v. Chr.) als König in Juda. Als auch dieser von Babylon abfiel, belagerte Nebukadnezzar die Stadt Jerusalem ein zweites Mal und machte sie schließlich 587 v. Chr. dem Erdboden gleich. Damit war die selbstständige Existenz Judas beendet.

22

Höhenschichten
über 1000 m
750 – 1000 m
500 – 750 m
200 – 500 m
0 – 200 m
unter 0 m
Ort der Festungs-liste Rehabeams (2 Chronik 11,6-10)
sonstiger Ort
Galiläa Landschaftsname
Hermon Berg- oder Gebirgsname
940 Berg mit Höhenzahl in Metern
Jordan Gewässername
EDOM JUDA Stammesname
DOR Grenze und Name einer assyrischen bzw. babylonischen Provinz
© 2000 by Calwer Verlag Stuttgart
Mittel-meer
Totes Meer
Luhit
Tamar
Zoar
Sered
EDOM
Seir
Bozra
Teman
Elat
G. von Akaba
Sidon
Sarepta
Mahaleb
Tyrus
Hosa
Achsib
Akko
Phönizier
Libanon
Hermon
2214
Damaskus
Amana
Litani
Jordan
Hule-See
Hazor
Galiläa
Gilead
Karnajim
See Kinneret
-212 m
Jarmuk
Baschan
Karmel
Kischon
Tabor
588
Megiddo
Dor
Samaria
Ebal
Sichem
940
Garizim 881
Aruma
Kana
W. Fara
Jabbok
Gilead
Hauran
Afek
SAMARIA
Silo
Jordan
Azor
Bene-Berak
Baal-Hazor
1016
AMMON
Jaser
Rabba(t-Bene-Ammon)
Rama
Bet-El
Mizpa
Elteke?
Ajalon
Gibeon
Geba
Anatot
Jericho
Elale
Minnit
Heschbon
Ekron
Timna
Zora
Kirjat-Jearim
Jerusalem
Bet-Jeschimot
Nebo
Nebo
Aschdod-Jam
Aschdod
Bet-Kerem
Etam
Bethlehem
Netofa
Kirjatajim
Baal-Meon
Aschkelon
Aseka
Socho
Gat
Moreschet-Gat?
Libna
Adullam
Bet-Zur
Tekoa
Almon-Diblatajema
Abarim
Gaza
Marescha
Lachisch
Hebron
Adorajim
Sif
En-Gedi
JUDA
-392 m
Salz-meer/ Totes Meer
Jahaz
Kerijot
Dibon
Bet-Gamul
Aroer
Arnon
Moab
Rafia
Beerscheba
Arad
Negeb
Horonajim
EDOM
Wasser von Nimrim
Luhit
Philister
Schefela
Sorek
Sched
0 10 20 30 40 50 km

Das assyrische Reich

Die Karte zeigt die maximale Ausdehnung des assyrischen Weltreichs sowie die wichtigsten in biblischen und außerbiblischen Texten jener Zeit erwähnten Orte. Aufgenommen sind auch Ortsnamen aus älterer Zeit, sofern sie außerhalb der Palästinakarten liegen.

Das neuassyrische Reich entwickelte sich ab 935 v. Chr. Zunächst gelang es, außenpolitisch die Grenzen abzusichern und die Wirtschaft im Inneren des Landes zu reorganisieren. Unter Adadnirari II. (912–891 v. Chr.) und Tukulti-Ninurta II. (891–884 v. Chr.) erweiterten die Assyrer ihr Territorium durch kriegerische Auseinandersetzungen mit den Babyloniern, den Aramäern und den im Norden Assyriens lebenden Völkern. Assurnasirpal II. (884–858 v. Chr.) gelang es als erstem neuassyrischen Herrscher bis ans Mittelmeer vorzustoßen. Er dehnte das Reich aber auch nach Norden und Osten aus. Sein Sohn Salmanassar III. (858–824/3 v. Chr.) griff in mehreren Feldzügen (u. a. 853, 849, 848, 845, 841 v. Chr.) die Aramäer und die mit ihnen verbündeten Staaten in Syrien an. An der Schlacht bei Qarqar 853 v. Chr., in der die Assyrer über eine palästinisch-syrische Koalition triumphierten, war auch der israelitische König Ahab (871–852 v. Chr.) beteiligt. 841 v. Chr. überbrachte der israelitische König Jehu dem Assyrerkönig seinen Tribut. Auf Salmanassars Regierungzeit folgte zunächst eine außenpolitische Schwächeperiode der Assyrer.

Mit Tiglat-Pileser III. (745–727 v. Chr.) begann eine neue Blütezeit in der neuassyrischen Geschichte. Nach einer Unterwerfung Babyloniens im Süden und mehreren Feldzügen gegen Urartu/Ararat im Norden richtete er sein Augenmerk zunehmend auf Syrien und Palästina. 743–740 v. Chr. belagerte und eroberte er Arpad in Nordsyrien. Nach einem erfolglosen Aufstand einer syrisch-palästinensischen Koalition waren seit 738 v. Chr. die Fürsten von Karkemisch, Damaskus, Israel (König Menahem, 747–738 v. Chr.), Tyrus, Byblos und Arabien tributpflichtig. Im Verlauf der Feldzüge der Jahre 734–732 v. Chr. nach Südsyrien und Palästina (vgl. Karte 6) wandelte Tiglat-Pileser Teile des Nordreichs in assyrische Provinzen um; auch das bis dahin im Schatten des weltgeschichtlichen Interesses liegende Juda wurde tributpflichtig. Sein Sohn Salmanassar V. (727–722 v. Chr.) belagerte schließlich Samaria, das nach seinem Tod von seinem Nachfolger Sargon (722–705 v. Chr.) eingenommen wurde. Sargon gelang es, Urartu/Ararat wieder dem assyrischen Reich zuzuschlagen. Er widmete sich aber auch dem Ausbau seiner neuen Hauptstadt Dur-Scharukkin (Sargonsburg) nördlich von Assur.

Sanherib (705–681 v. Chr.) musste 701 v. Chr. noch einmal gegen das aufständische Juda ziehen, konnte aber nach großen Erfolgen im gesamten Land die Hauptstadt Jerusalem nicht erobern. Daneben war er in mehreren Feldzügen gegen Babylonien erfolgreich. 689 v. Chr. zerstörte er Babylon. In Assyrien baute er nun Ninive zur neuen Hauptstadt aus.

Unter Asarhaddon (681–669 v. Chr.) dehnte sich das assyrische Territorium bis zum Nildelta aus. Assurbanipal (ca. 669–630 v. Chr.) gelang es sogar kurzfristig, das in Ägypten gelegene Theben (= No-Amon) zu erobern. Innen- und außenpolitische Probleme führten jedoch zu einer Schwächung des Assyrerreiches, das sich nach dem Tod Assurbanipals nur noch kurze Zeit halten konnte.

Persischer Golf
antiker Küstenverlauf
Ort
Schur — Landschaftsname
Eufrat — Gewässername
MEDIEN — Stämme- bzw. Ländername
max. Ausdehnung des assyrischen Reiches unter Asarhaddon (681–669 v. Chr.) und Assurbanipal (669 – ca. 630 v. Chr.)
300 km
200
100
0
© 2000 by Calwer Verlag Stuttgart
MEDIEN
ELAM
BABYLONIEN
CHALDÄA
BUS
Eufrat
Uruk
Ur
Babel
Kuta
Eschnunna
AKKAD
Tigris
Urumieh-see
ARARAT
Vansee
Dur Scharrukin
Kalach
Assur
ASSYRIEN
MESOPOTAMIEN
MITANNI
Tigris
Habor
Mari
BET-EDEN
Gosan
Harran
Tifsach
Razef
Eufrat
ARABIEN
Karkemisch
Petor?
Karatepe
Arpad
Kalne?
Alalach
Hadrach
Aleppo
Ebla
Karqar
Orontes
AMORITER
Hamat-Zoba
Qatna
Kadesch
Lebo-Hamat
ZOBA
Berota
Tebach
Damaskus
Ugarit
Arwad
Sumur
Arka
Gebal
Sidon
Tyrus
PHÖNIZIEN
Dor
Megiddo
Samaria
Atek?
Israel
ISRAEL
Bet-El
Jerusalem
JUDA
Gat?
Ekron
Aschdod
Aschkelon
Gaza
Lachisch
Jordan
Totes Meer
Rabbat-Bene-Ammon
Heschbon
MOAB
EDOM
KEDAR
MIDIAN
MASSA
Tema
Schur?
Bach Ägyptens
Golf von Akaba
Rotes Meer
Golf von Suez
Hanes
Zoan
Bet-Schemesch/ Heliopolis/ Ir-Heres/On
Memfis
Nil
ÄGYPTEN
No-Amon
el-Amarna
Mittelmeer
ELISCHA
Kition
JAWAN
HETHITER
QUE

Das babylonische Reich

umfasst die maximale Ausdehnung des Herrschaftsgebiets der Babylonier. Eingetragen sind auf dieser Karte die wichtigsten biblischen und außerbiblischen Ortslagen dieser Zeit.

Nach der Eroberung Assurs 614 v. Chr. und der assyrischen Hauptstadt Ninive 612 v. Chr. durch die Meder und Babylonier drängte diese Koalition die Assyrer weiter nach Westen und besiegte den Assyrerkönig Assurballit II. (612–605 v. Chr.) schließlich vollends. Den Babyloniern gelang es 607 v. Chr. auch noch, das ägyptische Heer, das den Assyrern zu Hilfe geeilt war, in Karkemisch zu vernichten. Damit war der Zugang nach Syrien für die Babylonier frei. Sie übernahmen in weiten Teilen die Herrschaft in der Levante, die vorher die Assyrer und dann kurzfristig die Ägypter innehatten. Gleich nach seiner Thronbesteigung zog der babylonische König Nebukadnezzar (605–562 v. Chr.) nach Westen, zerstörte 604 v. Chr. Aschkelon und blockierte somit den direkten Zugang der Ägypter nach Palästina. 601 v. Chr. griff er sogar, allerdings erfolglos, Ägypten an. Bei einem erneuten Feldzug nach Palästina eroberte er erstmals 597 v. Chr. das von Babylon abtrünnige Jerusalem. Die Oberschicht Jerusalems, darunter auch der Prophet Ezechiel (Hesekiel), wurde nach Mesopotamien zwangsumgesiedelt. Bei einem zweiten Feldzug gegen Jerusalem, durch einen neuerlichen Aufstand Judas gegen die Babylonier provoziert, wurde die judäische Hauptstadt 587 v. Chr. dem Erdboden gleichgemacht. Damit verlor auch Juda seine staatliche Selbstständigkeit.

590 v. Chr. gelang es den Medern, das Reich von Urartu/Ararat zu erobern und damit im Bergland nördlich von Mesopotamien ihre Vormachtstellung zu festigen. Der Tod Nebukadnezzars führte in Babylon zu inneren Unruhen. Erst Nabonid (556–539 v. Chr.) gelang es wieder für einen längeren Zeitraum die Königswürde innezuhaben. Allerdings war unter seiner Herrschaft der Höhepunkt der babylonischen Machtentfaltung schon überschritten. Innerhalb des babylonischen Kerngebietes widmete er sich religiösen Bauprogrammen. Als es ihm nicht gelang, die inneren Spannungen in seinem Reich unter Kontrolle zu bringen, übertrug er 548 v. Chr. die Herrschaft in Babylon dem Kronprinzen Belscharusur (biblisch Belschazzar bzw. Belsazer). Er selbst zog sich für den Rest seiner Regierungszeit in die arabische Oase Tema zurück.

Als neue politische Macht traten nun die Perser (vgl. Karte 10) auf. 539 v. Chr. wurden sie von der Priesterschaft Babylons, die König Nabonid gegenüber feindlich gesinnt war, zum Einmarsch in Babylon aufgefordert. Mit der ungehinderten Einnahme der babylonischen Hauptstadt durch den Perserkönig Kyros II. fand das neubabylonische Reich sein Ende.

Ort
Zahar Landschaftsname
Eufrat Gewässername
MEDIEN Stämme- bzw. Ländername
max. Ausdehnung des babylonischen Reiches
max. Ausdehnung des medischen Reiches
0 100 200 300 km
© 2000 by Calwer Verlag Stuttgart
MAGOG
ASCHKENAS
LYDIEN
GOMER
HET
TOGARMA
Vansee
ARARAT
Urumieh-see
MESCHECH
JAWAN
Sefarad
Eufrat
Tigris
MESOPOTAMIEN
MINNI
Karkemisch
Haran
Gosan
BET-EDEN
Ninive
Kelach
Assur
Arpad
Hadrach
MEDIEN
ELISCHA
Kition
Orontes
AMORITER
Hamat-Zoba
ARAM
Habor
Mittelmeer
Arwad
Ribla
Lebo-Hamat
Berota
Zedad
Gebal
Zahar
Helbon
SABADÄER
Sidon
Damaskus
Bet-Zitti
Tyrus
PHÖNIZIEN
Tigris
PEKOD
Dor
Megiddo
Gilead
BABYLONIEN
Samaria
Jordan
SUTÄER
Babel
Aschdod
Ekron
Bet-El
Nippur
Kebar
Gat
Jerusalem
Rabba(t-Bene-Ammon)
CHALDÄA
Aschkelon
JUDA
Gaza
Totes Meer
Heschbon
Eufrat
Lachisch
MOAB
Tachpanhes
Migdol
Zoan
EDOM
Schihor
LIBYEN
Bet-Schemesch/
Heliopolis/On
Bach Ägyptens
KEDAR
ELAM
Memfis
Golf von Suez
Golf von Akaba
ÄGYPTEN
Nil
MIDIAN
Uz
antiker Küstenverlauf
Patros
No-Amon
Rotes Meer
Tema
ARABIEN
Dedan
Persischer Golf

Das persische Reich

Die Karte beschreibt die maximale Ausdehnung des achämenidischen bzw. persischen Herrschaftsgebietes. Außerhalb Palästinas sind in dieser Karte auch all jene Ortschaften eingetragen, die sich in späteren Schriften, vor allem in den Makkabäerbüchern und sonstigen apokryphen Schriften des Alten Testaments, finden.

Dem Perserkönig Kyros II. (559–530 v. Chr.), der zunächst als Vasall der Meder regierte, gelang es 549 v. Chr., die medische Hauptstadt Ekbatana einzunehmen. Dies war der Ausgangspunkt für die Ausgestaltung eines Reiches von bislang unbekannter Größe. 546 v. Chr. drang er in Anatolien ein und besiegte den Lyderkönig Krösus. 539 v. Chr. eroberte er Babylon und übernahm damit das babylonische Reich. Anders als die Assyrer und Babylonier verfolgte er eine weitgehend tolerante Politik gegenüber den unterworfenen Völkern. Für die in Mesopotamien angesiedelten Judäer erfüllte sich mit der Eroberung Babylons die Hoffnung auf eine Möglichkeit zur Rückkehr in das Gelobte Land. Allerdings scheint sich diese Rückkehr nur recht schleppend über einen Zeitraum von ca. 100 Jahren hinweg vollzogen zu haben.

Kambyses II. (530–522 v. Chr.) gelang es 525 v. Chr. Ägypten zu erobern und somit das Perserreich auch in dieser Richtung auszudehnen. Unter Darius I. (522–486 v. Chr.) erreichte das Reich seine volle Blüte. 520 v. Chr. ordnete er das riesige Territorium neu, indem er es in 20 Satrapien (Verwaltungsbezirke) einteilte. Das syrisch-palästinische Gebiet südlich des Eufrats umfasste die 5. Satrapie, Ägypten stellte die 6. Satrapie. 513 v. Chr. dehnte er das Reich nach Norden hin aus und kämpfte gegen die Skythen. Nach Westen gelang ihm die Ausweitung bis nach Thrazien und Makedonien. Im Kampf gegen die Griechen, die sich der Einvernahme erwehrten, starb Darius. Seinem Sohn Xerxes I. (486–465/4 v. Chr.) gelang zunächst die Eroberung Athens und die Plünderung der Akropolis. Im weiteren Verlauf der kriegerischen Auseinandersetzung mussten die Perser jedoch schwere Niederlagen auf dem Land und zur See erleiden. Es kam zu einem Friedensschluss mit genauer Abgrenzung des persischen und des griechischen Territoriums.

Während der Regierungszeit von Darius II. (424–404 v. Chr.) wurde 410 v. Chr. auf der Nilinsel Elephantine gegenüber von Syene der Jahwetempel der dort angesiedelten judäischen Söldnertruppe von Ägyptern zerstört. In einem Briefwechsel erlaubten die Jerusalemer den Juden in Elephantine den Wiederaufbau des Tempels.

404 v. Chr. befreite sich Ägypten von der persischen Oberhoheit. Erst Artaxerxes III. (359/8–338 v. Chr.) gelang es nochmals, Ägypten unter persische Kontrolle zu bringen (bis 332 v. Chr.).

338 v. Chr. errang Philipp von Makedonien die Vorherrschaft in Griechenland. Seinem Sohn Alexander dem Großen (336–323 v. Chr.) gelang es, das griechische Staatswesen in seiner Hand zu vereinigen. 334 v. Chr. eroberte er zunächst die Küstenstädte Kleinasiens, 333 v. Chr. besiegte er bei Issos den Perserkönig Darius III. (336–331 v. Chr.). Von nun an war Alexander neuer Herrscher von Syrien, Palästina und auch Ägypten. 331 v. Chr. besiegte er am Tigris Darius III. schließlich vernichtend; er eroberte Babylon, Persepolis und Susa und zerschlug damit das Perserreich.

28

SKYTHEN
THRAZIEN
JAWAN/ GRIECHENLAND
PHRYGIEN
LYDIEN
KARIEN
MESCHECH
LYZIEN
PAMPHYLIEN
TUBAL
SYRIEN
ZÖLESYRIEN
MESOPOTAMIEN
MEDIEN
PARTHIEN
PERSIEN
ELAM
BABYLONIEN
CHALDÄA
JUDA
GEBAL
KEDAR
MIDIAN
UZ
ARABIEN
ÄGYPTEN
LIBYEN/ PUT?
KUSCH
SEBA
SABA
ZYPERN
Schwarzes Meer
Kaspisches Meer
Mittelmeer
Rotes Meer
Persischer Golf
Golf v. Oman
Golf von Akaba
Golf von Suez
Str. v. Hormus
Vansee
Urumiehsee
Arax
Tigris
Eufrat
Eleutherus
Nil
Indus
Nördl. Wendekreis
antiker Küstenverlauf
Athen
Sparta
Sikyon
Delos
Samos
Kreta
Gortyna
Halikarnaß
Myndos
Knidos
Rhodos
Mallus
Side
Phaselis
Tarsus
Mallus
Kition
Arwad
Ortosia
Tripolis
Gebal
Sidon
Tyrus
Berða
Hamat-Zoba
Kun
Tadmor
Damaskus
Megiddo
Aschdod
Aschkelon
Gaza
Jerusalem
Rabbat(-t Bene-Ammon)
Heschbon
Sin
Pi-Beset
Memfis
Elat
Syene
Tema
Dedan
Haran
Ninive
Assur
Ekbatana
Rages
Sippar
Seleuzia
Borsippa
Babel
Larsa
Merataijm
Uruk
Ur
Susa
Persepolis
Kyrene

Ort
Meratajim Landschafts- bzw. Inselname
Eufrat Gewässername
MEDIEN Stammes- bzw. Ländername
max. Ausdehnung des persischen Reiches
0   200   400   600 km
© 2000 by Calwer Verlag Stuttgart

Die persische Provinz Juda
Die Völkertafel 1. Mose 10

Karte 11a: 538 v. Chr. ergab sich die Möglichkeit zur Rückkehr aus dem babylonischen Exil (vgl. das Kyros-Edikt Esra 1,2–4). Zunächst kehrten nur relativ wenige der in Mesopotamien angesiedelten Judäer zurück. Erst ab 520 v. Chr. nahm die Zahl der Heimkehrer ins Land der Väter zu; die Rückkehr dauerte aber in den kommenden Jahrzehnten noch an. Viele der ehemals Deportierten hatten inzwischen in Mesopotamien eine neue Existenz gegründet und sahen daher keinen dringenden Grund, in das verwüstete Land ihrer Väter zurückzukehren. Die exilierte Oberschicht, die in der mesopotamischen Diaspora ein eigenständiges Selbstbewusstsein und eine von priesterlichen Vorstellungen geprägte Theologie ausgebildet hatte, traf in Palästina auf die dort noch immer ansässige Unterschicht, deren theologisches Gedankengut gleichfalls weiterentwickelt worden war. Die Rückkehr der Exilierten führte somit nicht nur zu wirtschaftlichen und sozialen, sondern auch zu religiösen Konfrontationen. Politisch war Juda in den ersten Jahrzehnten der Perserherrschaft dem Statthalter in Samaria unterstellt. Im Süden war das Gebiet Judas gegenüber der vorexilischen Zeit stark begrenzt worden und reichte nur noch bis Bet-Zur. 520 v. Chr. wurde in Jerusalem mit dem Bau des Tempels begonnen, der an die Stelle der 587 v. Chr. zerstörten Tempelanlage trat; er wurde 515 v. Chr. fertiggestellt. Von 445–433 v. Chr. wirkte Nehemia als vom Perserkönig beauftragter Statthalter in Jerusalem. Er führte einige religiöse und wirtschaftliche Reformen durch, organisierte den Wiederaufbau der Stadtmauer in Jerusalem und verwirklichte die Selbstständigkeit der Provinz Yehud/Juda.

In die Karte 11a wurden die Ortslagen der Prophetenbücher dieser Zeit, der Bücher Esra und Nehemia sowie diejenigen Orte der beiden Chronikbücher (ohne 2. Chronik 11,5–12) eingetragen, die sich nicht in der parallelen Überlieferung des deuteronomistischen Geschichtswerkes (Bücher Josua bis 2. Könige) finden. Hierbei handelt es sich in der Regel um Namensgut, das aus nachexilischer Zeit stammt.

Karte 11b: Die Völkertafel 1. Mose 10 wurde aus Texten unterschiedlicher Herkunft und Datierung zusammengesetzt. Einen Grundbestand bildet die Darstellung der Priesterschrift (1. Mose 1–7.20.22f.26–29.31f.), die das gesamte Gebiet des Vorderen Orients den Nachkommen der drei Söhne Noachs Sem, Ham und Jafet zuordnet. Grundlegend für die jeweilige Zuordnung waren unterschiedliche Sprachfamilien und geographisch-politische Zusammengehörigkeiten. Die gesamte damalige Welt sollte durch diese priesterschriftliche Völkertafel als geordnet ausgewiesen werden. Hinzu kommen einige ältere ähnlich angeordnete Listen, die mit der priesterschriftlichen Völkertafel kombiniert wurden, sowie vereinzelte jüngere Ergänzungen. Der gesamte Text von 1. Mose 10 spiegelt das geographische Wissen biblischer Gelehrter und ist damit ein Zeugnis antiker Wissenschaft.

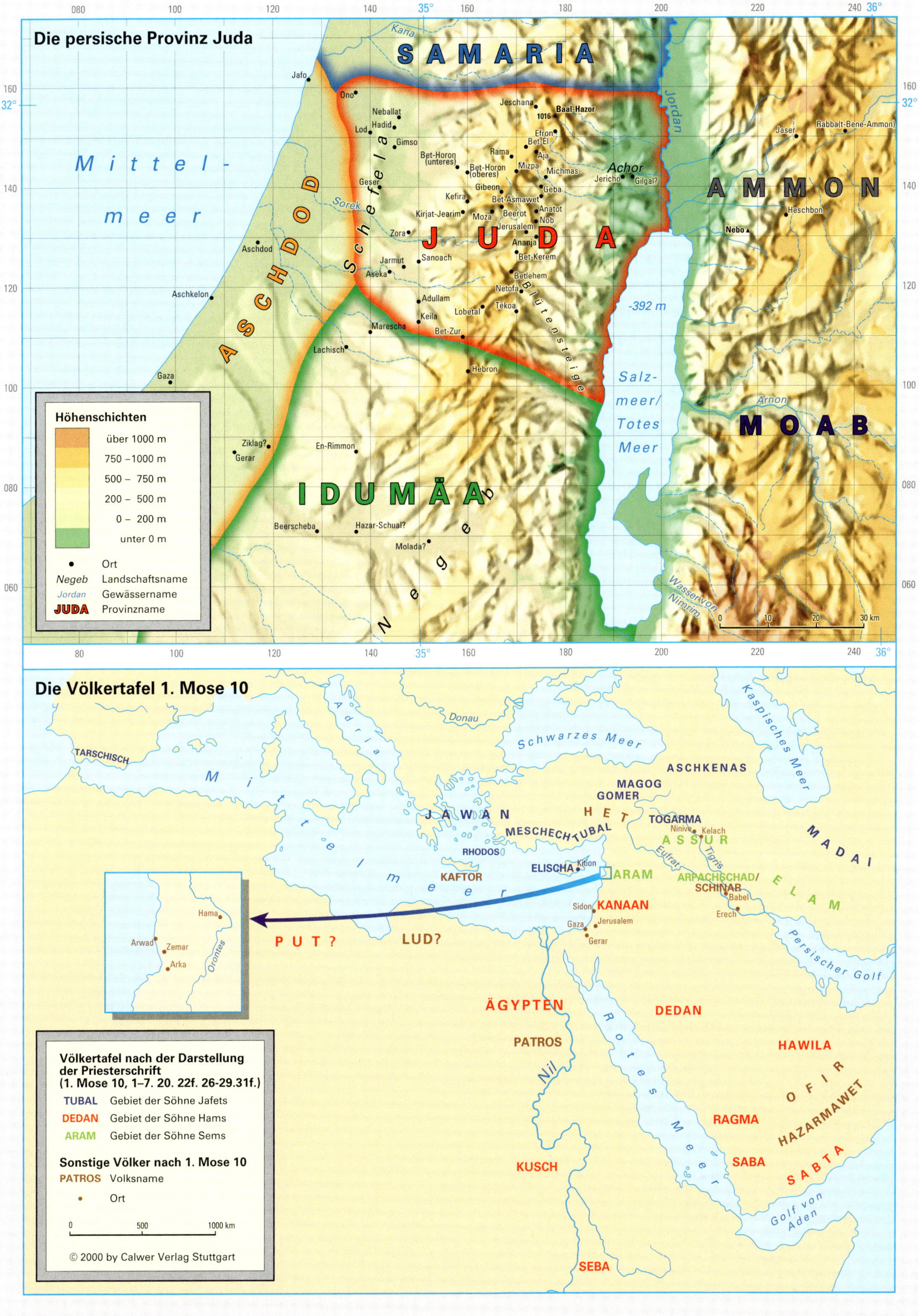

Die persische Provinz Juda

Mittel-
meer

SAMARIA
JUDA
ASCHDOD
IDUMÄA
AMMON
MOAB

Jafo
Ono
Neballat
Lod
Hadid
Gimso
Geser
Bet-Horon (unteres)
Bet-Horon (oberes)
Kefira
Kirjat-Jearim
Moza
Zora
Aschdod
Jarmut
Aseka
Sanoach
Aschkelon
Adullam
Keila
Lobetal
Gaza
Marescha
Bet-Zur
Lachisch
Hebron
Ziklag?
Gerar
En-Rimmon
Beerscheba
Hazar-Schual?
Molada?
Jeschana
Baal-Hazor
1016
Efron
Bet-El
Rama
Aja
Mizpa
Michmas
Gibeon
Geba
Bet-Asmawet
Anatot
Beerot
Nob
Jerusalem
Ananja
Bet-Kerem
Betlehem
Netofa
Tekoa
Jaser
Rabba(t-Bene-Ammon)
Jericho
Gilgal?
Achor
Heschbon
Nebo
-392 m
Salz-meer/ Totes Meer
Kana
Jordan
Sorek
Schefela
Blütensteige
Negeb
Arnon
Wasser von Nimrim

Höhenschichten
über 1000 m
750 – 1000 m
500 – 750 m
200 – 500 m
0 – 200 m
unter 0 m
Ort
Negeb Landschaftsname
Jordan Gewässername
JUDA Provinzname

0 10 20 30 km

Die Völkertafel 1. Mose 10

TARSCHISCH
Mittelmeer
Adria
Donau
Schwarzes Meer
ASCHKENAS
MAGOG
GOMER
JAWAN
HET
TOGARMA
MESCHECH TUBAL
RHODOS
KAFTOR
ELISCHA
Kition
ARAM
Ninive
Kelach
ASSUR
Eufrat
Tigris
ARPACHSCHAD/ SCHINAR
Babel
Erech
ELAM
MADAI
Kaspisches Meer
Sidon
KANAAN
Gaza
Jerusalem
Gerar
ÄGYPTEN
DEDAN
PATROS
HAWILA
Nil
Rotes Meer
OFIR
HAZARMAWET
RAGMA
SABA
SABTA
KUSCH
Persischer Golf
SEBA
Golf von Aden
PUT?
LUD?

Hama
Arwad
Zemar
Arka
Orontes

Völkertafel nach der Darstellung der Priesterschrift
(1. Mose 10, 1–7. 20. 22f. 26–29.31f.)
TUBAL Gebiet der Söhne Jafets
DEDAN Gebiet der Söhne Hams
ARAM Gebiet der Söhne Sems
Sonstige Völker nach 1. Mose 10
PATROS Volksname
Ort
0 500 1000 km
© 2000 by Calwer Verlag Stuttgart

Palästina in der Seleukiden- und Makkabäerzeit

Vermittelt wird ein Überblick über die Entwicklung vom späten 3. Jahrhundert bis zum 1. Jahrhundert v. Chr. In die Karte eingetragen sind die Ortsnamen der zwischentestamentlichen Bücher (Apokryphen) und der Zenonpapyri. Besonders gekennzeichnet ist die zunehmende Ausdehnung des Herrschaftsbereichs der Makkabäer.

Nach dem Tode Alexanders des Großen 323 v. Chr. wurde sein Großreich unter seinen Generälen aufgeteilt. Ägypten, Zölesyrien (wozu auch Judäa gehörte) und Phönizien fielen zunächst den Ptolemäern zu, während die Seleukiden über Mesopotamien und Persien regierten. In den Jahren 259–258 v. Chr. unternahm der im Dienst des ägyptischen Finanzministers stehende Verwaltungsbeamte Zenon eine Reise nach Palästina. Die von seiner Korrespondenz erhaltenen Papyri erlauben einen Einblick in die wirtschaftliche Situation Palästinas in dieser Zeit. Kulturell lässt sich für diese Epoche eine zunehmende Hellenisierung insbesondere der städtischen Oberschicht beobachten.

199–198 v. Chr. verloren die Ptolemäer Judäa an die Seleukiden. 170–169 v. Chr. führte Antiochus IV. Epiphanes (175–164 v. Chr.) einen weiteren Feldzug gegen die Ptolemäer durch, eroberte Unterägypten und ließ sich zum ägyptischen König krönen. Auf dem Rückweg zog er in Jerusalem ein, wandelte den Altar des Tempels in einen Altar für den griechischen Gott Zeus Olympios um und verschleppte die Tempelschätze nach Antiochia. Er verbot den traditionellen Jahweglauben und setzte die Tora als Verfassung des Tempelstaates außer Kraft. Damit wollte er der prohellenistischen, vor allem von Teilen der führenden Priesterschicht unterstützten Partei zum Durchbruch verhelfen, die eine kulturelle und religiöse Öffnung des Judentums befürwortete. Dies führte zu einer innerjüdischen Aufstandsbewegung, die zunächst von Mattatias (167–166 v. Chr.), dann von seinem Sohn Judas Makkabäus (»der Hämmerer«, 166–160 v. Chr.) geführt wurde. 165 v. Chr. gelang Judas ein erster Sieg über die seleukidischen Truppen, 164 v. Chr. besetzte er den Tempel und führte dessen Reinigung und Neuweihe durch. In harten Auseinandersetzungen mit den prohellenistisch orientierten Judäern, unterstützt durch innerseleukidische Streitigkeiten, gelang es den Makkabäern, Judäa zunehmend unter ihre Kontrolle zu bringen.

141 v. Chr. erkannte die Volksversammlung Simon Makkabäus (142–134 v. Chr.) als »Hohenpriester, Feldherrn und Volksfürsten« an, ein Titel, der ihm bereits im Jahr zuvor von dem Seleukidenherrscher zuerkannt worden war. Damit stellten die Hasmonäer, wie die Makkabäer nun genannt wurden, die hohepriesterliche und fürstliche Dynastie in Judäa, d.h. sie hatten sowohl die religiöse als auch die politische Führung inne. Diese Dynastiebildung hatte bis zum Herrschaftsantritt Herodes' des Großen 37 v. Chr. Bestand. Das Reich wurde nun zunehmend in kriegerischen Zügen in alle Himmelsrichtungen ausgeweitet.

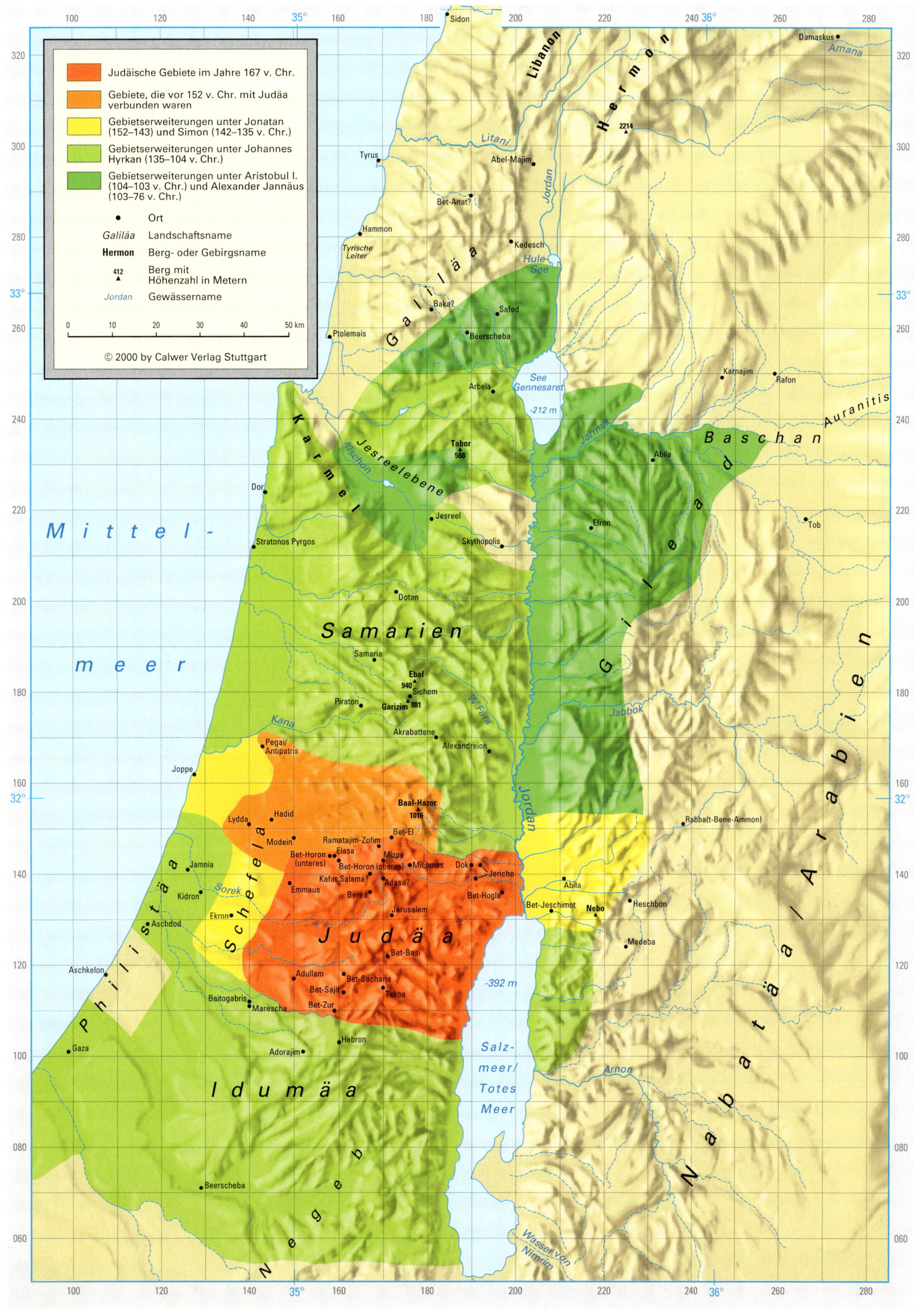

Judäische Gebiete im Jahre 167 v. Chr.
Gebiete, die vor 152 v. Chr. mit Judäa verbunden waren
Gebietserweiterungen unter Jonatan (152–143) und Simon (142–135 v. Chr.)
Gebietserweiterungen unter Johannes Hyrkan (135–104 v. Chr.)
Gebietserweiterungen unter Aristobul I. (104–103 v. Chr.) und Alexander Jannäus (103–76 v. Chr.)
Ort
Galiläa   Landschaftsname
Hermon   Berg- oder Gebirgsname
412   Berg mit Höhenzahl in Metern
Jordan   Gewässername
0 10 20 30 40 50 km
© 2000 by Calwer Verlag Stuttgart
Mittel-
meer
Sidon
Damaskus
Amana
Libanon
Hermon
2214
Litani
Jordan
Tyrus
Abel-Majim
Bet-Anat?
Hammon
Kedesch
Tyrische Leiter
Hule-See
Galiläa
Baka?
Safed
Beerscheba
Ptolemais
Karnajim
Rafon
See Gennesaret
-212 m
Arbela
Dor
Karmel
Jesreelebene
Kischon
Tabor
588
Baschan
Abila
Auranitis
Stratonos Pyrgos
Jesreel
Skythopolis
Efron
Tob
Dotan
Samarien
Gilead
Samaria
Ebal
940
Sichem
Piraton
Garizim 881
W. Fâra
Akrabattene
Alexandreion
Jabbok
Kana
Pegai/ Antipatris
Joppe
Baal-Hazor
1016
Rabba(t-Bene-Ammon)
Lydda
Hadid
Bet-El
Modein
Ramatajim-Zofim
Elasa
Mizpa
Jamnia
Bet-Horon (unteres)
Bet-Horon (oberes)
Michmas
Dok
Jericho
Kidron
Sorek
Kafar Salama?
Adasa?
Abila
Emmaus
Berea
Jordan
Ekron
Jerusalem
Bet-Hogla
Bet-Jeschimot
Nebo
Heschbon
Aschdod
Philistäa
Schefela
Judäa
Bet-Basi
Medeba
Aschkelon
Adullam
Bet-Sachana
Baitogabris
Marescha
Bet-Sajit
Tekoa
Bet-Zur
-392 m
Salz-meer/ Totes Meer
Gaza
Hebron
Adorajim
Arnon
Nabatäa / Arabien
Idumäa
Beerscheba
Negeb
Wasser von Nimrim

Palästina unter Herodes dem Großen

Die Karte zeigt das Reich, über das Herodes der Große (37–4 v. Chr.) herrschte. 63 v. Chr. wurde Syrien-Palästina von den Römern erobert, die jedoch dem jüdischen Hohenpriester Hyrkan II. (63–40 v. Chr.) eine weitgehende innenpolitische Unabhängigkeit ließen. 40 v. Chr. fielen die Parther nach Palästina ein und setzten Hyrkan II. ab. Herodes, der bis dahin als römischer Gesandter für Galiläa zuständig war, floh nach Rom und ließ sich dort vom römischen Senat zum »verbündeten König von Judäa« ernennen. Anschließend gelang es ihm mit römischer Hilfe, die Parther zurückzuschlagen. Durch die Freundschaft mit den Römern erhielt er während seiner Regierungszeit neben den ohnehin zu seinem Reich gehörenden Gebieten Idumäa, Judäa, Peräa, Samaria und Galiläa auch noch die im Nordosten gelegenen Landschaften Batanäa, Trachonitis, Gaulanitis und Auranitis. Selbstständig blieb dagegen die Dekapolis (»Zehnstämmegebiet«), ein Bund von ca. 10 (die genaue Zahl der Städte schwankte im Laufe der Geschichte geringfügig) griechisch geprägten Städten vorwiegend im mittleren und nördlichen Ostjordanland. Sie erhielten 63 v. Chr. von den Römern Sonderrechte, die eine weitgehende politische Unabhängigkeit bedeuteten. Abgesehen von diesen Territorien war das von Herodes kontrollierte Gebiet noch einmal eine Anknüpfung an das davidisch-salomonische Großreich. Nach dem Tode Herodes des Großen im Jahre 4 v. Chr. wurde sein Großreich unter seinen drei Söhnen aufgeteilt. Archelaus (4 v. Chr.–6 n. Chr.) erhielt Judäa, Samaria und Idumäa, Herodes Antipas (4 v. Chr.–39 n. Chr.) wurde Galiläa und Peräa zugeteilt, und Philippus (4 v. Chr.–34 n. Chr.) bekam die im Nordosten gelegenen Regionen. Zudem entschied der römische Kaiser, dass keiner der Herodessöhne weiterhin den Königstitel tragen dürfe, um Streitigkeiten untereinander zu vermeiden. Östlich und südlich der Dekapolis lag der Einflussbereich der Nabatäer, die vor allem den Handel auf der Weihrauchstraße kontrollierten und damit Geld und Einfluss mehrten.

In diese Karte wurden auch die bei dem jüdischen Historiker Flavius Josephus (37/38–ca. 100 n. Chr.) erwähnten Orte eingezeichnet. Seine Lebensbeschreibung sowie seine Bücher »Der jüdische Krieg« und »Jüdische Altertümer« sind eine wichtige Quelle für die Geschichte der spätnachexilischen Zeit. Sie spiegeln die Sichtweise eines jüdischen Geschichtsschreibers des 1. Jahrhunderts n. Chr. wider.

max. Ausdehnung des Reiches Herodes' d. Gr.
Ethnarchie des Archelaos 4 v. Chr.–6 n. Chr.
Tetrarchie des Herodes Antipas 4 v. Chr.–39 n. Chr.
Tetrarchie des Philippus 4 v. Chr.–34 n. Chr.
Höhenschichten
über 1000 m
750 –1000 m
500 – 750 m
200 – 500 m
0 – 200 m
unter 0 m
Ort
Galiläa   Landschaftsname
Karmel   Berg- oder Gebirgsname
588   Berg mit Höhenzahl in Metern
Jordan   Gewässername
© 2000 by Calwer Verlag Stuttgart
Mittel- meer
Abilene
Trachonitis
Gaulanitis
Batanäa
Auranitis
Dekapolis
Peräa
Nabatäer Arabien
Samarien
Judäa
Idumäa
Karmel
Galiläa
Wüste Zin
Salzmeer/ Totes Meer
See Gennesaret -212 m
Tyrus
Litani
Jordan
Phiale
Dafne
Kedesch
Thella?
Hule- See
Gischala
Hazor
Seleuzia?
Baka?
Meroth
Safed
Julias
Sogane?
Gamala
Beerscheba
Ekdippon
Saab
Selame
Sogane
Kapernaum
Ptolemais
Jotapata
Gabara
Taricha
Arbela
Hippos
Golan?
Karnajim
Rafon?
Kaña
Roma
Asochis
Sepphoris
Garis?
Ammathus
Tiberias
Bet-Maous
Dion?
Alema?
Kenat?
Sykaminos
Asamon?
Simonias
Daberat
Tabor
Bet-Schearim
Kyamon
Jafia
Kislot-Tabor?
Sennabris
Gadara
Abila
Dor
Gaba
Efron
Bosora
Cäsarea (maritima)
Ginaia
Skythopolis
Pella
Samaria
Zafon
Gerasa
Neapolis
Ebal 940
Garizim 881
Sichem
Ragaba
Amathus
Apollonia
Kafarsaba
Tirathana
Arus?
Akrabattene
Zia
Antipatris
Timnat- Serach
Anouat
Borkaios
Alexandreion
Koraia
Gadara
Ramatajim?
Jeschana
Phasaelis
Joppe
Gofna
Baal-Hazor 1016
Lydda
Hadid
Efron
Archelais
Tyrus
Jaser
Philadelphia
Modein
Saffo?
Bet-El
Naara?
Bet-Nimra
Bet-Horon (unteres)
Bet-Horon (oberes)
Michmas
Dagon
Abila
Herodion?
Heschbon
Jamnia
Geser
Kafar Salama?
Gibeon
Adasa?
Jericho
Julias
Nebo
Emmaus
Emmaus?
Gibea
Kypros
Bet-Hogla
Medeba
Ekron
Skopos
Jerusalem
Bet-Jeschimot
Aschdod
Hyrkania
Libba
Aschkelon
Bet-Leptefa
Herodion
Sallis?
Kafaiora?
Bet-Sacharja
Tekoa
Kalliroe
Baitogabris
Marescha
Kafarabis?
Bet-Zur
Halhul
Mamre
Macharus
Anthedon
Kafartoba?
Adorajim
Hebron
Gaza
En-Gedi
Jorda?
Masada
Arabatha
Beerscheba
Rafia
Malatha
Chelus
Rinokorura
Zoar
Medeba
1035
1557
1006
1743
Elat
Hor 1336
Petra
Karmel
Kischon
Kana
Wadi Fara
Jabbok
Arnon
Sered
Wadi von Nimrin
Sorek
Tyrische Leiter
Kabul
-392 m
-392 m
50 km

Palästina zur Zeit Jesu

Dargestellt sind die im Neuen Testament erwähnten Ortslagen Palästinas. Gleichzeitig gibt sie die Verhältnisse in Palästina nach dem Tode Herodes des Großen wieder, dessen Herrschaftsgebiet unter seinen Söhnen aufgeteilt wurde (vgl. Karte 13). 6 n. Chr. wurde der Herodessohn Archelaus auf Betreiben des Volkes von Kaiser Augustus des Amtes enthoben und verbannt. Judäa und Samarien wurden eine römische Provinz, der ein Prokurator (Statthalter) vorstand. Um die Einwohnerzahl der neuen Provinz bestimmen zu können, wurde 6/7 n. Chr. eine Volkszählung von dem Legaten Quirinius, der Syrien verwaltete und seinen Amtsitz in Antiochien am Orontes hatte, organisiert (vgl. Lukas 2,1–5). Der Amtssitz des Prokurators war Cäsarea. Die Namen dieser Prokuratoren sind durch neutestamentliche und außerbiblische Texte bekannt. Zunächst wurde das Gebiet von Coponius (ca. 6–9 n. Chr.), dann von Marcus Ambibulus (9–12), Vannius Rufus (12–15) und Valerius Gratus (15–26) verwaltet. Von 26–36 n. Chr. hatte Pontius Pilatus dieses Amt inne. Ihm folgten Marcellus (36–37), Marullus (37–41), Cuspius Fadus (44–46/47), Tiberius Alexander (46/47–48), Ventidius Cumanus (48–52), Antonius Felix (52–60), Porcius Festus (60–62), Albinus (62–64) und Gessius Florus (64–66).

Trotz der einheitlichen politischen Verwaltung zerfiel das von dem Statthalter verwaltete Reich unter religiösen Gesichtspunkten in zwei Regionen. Im nördlichen Bergland lebten die Samaritaner, die sich spätestens Ende des 2./Anfang des 1. Jahrhunderts v. Chr. von dem Jerusalemer Tempel als Zentrum des Judentums losgesagt und auf dem Berg Garizim einen eigenen Tempel errichtet hatten. Als für sie maßgebliche heilige Schriften anerkannten sie nur die Tora (5 Bücher Mose), während im Judentum neben der Tora (5 Bücher Mose) zunächst auch die Prophetenbücher (wozu auch die Geschichtsbücher Josua bis 2. Könige zählen) und schließlich weitere Schriften als kanonische Schriften angesehen wurden.

Galiläa unterstand zur Zeit Jesu dem Herodes Antipas (4 v. Chr.–39 n. Chr.). Zunächst erhob dieser das von ihm wiederaufgebaute Sepphoris (siehe Karte 13) zu seiner neuen Hauptstadt. Möglicherweise arbeitete der im nahegelegenen Nazaret lebende Josef, der Vater Jesu, als Handwerker beim Wiederaufbau dieser Stadt. 26 n. Chr. errichtete Herodes Antipas dann am See Gennesaret Tiberias als neue Hauptstadt für sein Reich. Diese Stadt wurde im griechischen Stil mit großer architektonischer Pracht ausgestattet.

Im Osten bildeten die griechisch ausgerichteten und von den Römern mit Selbstverwaltungsrechten versehenen Dekapolisstädte einen eigenen Machtbereich.

Höhenschichten
über 1000 m
750 –1000 m
500 – 750 m
200 – 500 m
0 – 200 m
unter 0 m
Dekapolisstadt
Ort
Galiläa Landschafts- oder Regionenname
Hermon Berg- oder Gebirgsname
588 Berg mit Höhenzahl in Metern
Jordan Gewässername
0 10 20 30 40 50 km
© 2000 by Calwer Verlag Stuttgart
Sidon
Damaskus
Amana
Libanon
Ituräa
Abilene
Hermon
2214
Litani
Jordan
Paneas
Cäsarea Philippi
Tyrus
Trachonitis
Hule-See
Gaulanitis
Batanäa
Ptolemais
Chorazin
Julias/Betsaida
Kapernaum
Gennesaret
Galiläa
Kana
See Gennesaret
Auranitis
Rafon?
Magdala
Hippos
Tiberias
-212 m
Dion?
Kischon
Nazaret
Jarmuk
Abila
Tabor
588
Gadara
Nain
Dekapolis
Harmagedon
Cäsarea (maritima)
Skythopolis
Pella
Salim
Gerasa
Samaria
Ebal
940
Sychar
881
Garizim
Samarien
Peräa
Wadi Fara
Jabbok
Kana
Nabatäa / Arabien
Joppe
Arimatäa
Baal-Hazor
1016
Lydda
Philadelphia
Jordan
Emmaus?
Jericho
Sorek
Emmaus?
Betanien
Nebo
Jerusalem
Betfage
Judäa
Betanien
Betlehem
Mittel-
meer
-392 m
Gaza
Salz-
meer/
Totes
Meer
Arnon
Idumäa
Wasser von Nimrim
vom römischen Statthalter verwaltetes Gebiet 6–41 n. Chr.
Tetrarchie des Herodes Antipas 4 v. Chr.–39 n. Chr.
Tetrarchie des Philippus 4 v. Chr.–34 n. Chr.
Territorium der unabhängigen Städte des Dekapolis

Reisen des Paulus und Orte der frühen Christenheit

Die Karte zeigt die Ausdehnung des Christentums im 1. Jahrhundert n. Chr., soweit sich diese durch biblische Schriften (Apostelgeschichte, Briefe, Offenbarung des Johannes) erschließen lässt. Besonders vermerkt sind die in den Sendschreiben der Johannesoffenbarung erwähnten Orte Kleinasiens. Für den Verlauf der Reisen des Paulus wurde die Darstellung der Apostelgeschichte zu Grunde gelegt. Für die genaue Wegführung wurde der Verlauf des römischen Straßensystems berücksichtigt.

Paulus wurde in Tarsus an der Südostküste Kleinasiens geboren und entstammte einer dort ansässigen jüdischen Familie. Nach seiner Bekehrung zum Christentum zog er sich eine Zeitlang nach »Arabien« zurück, womit das Nabatäerreich im Ostjordanland gemeint ist. Anschließend kehrte er in seine Heimatstadt Tarsus zurück, wurde dann aber nach Antiochia in Nordsyrien geholt, wo er ein Jahr lang wirkte. Dort begann er seine erste Missionsreise (Apostelgeschichte 13,1–14,28), die ihn über Zypern und Perge in Pamphylien bis nach Antiochia, Ikonium, Lystra und Derbe brachte. Nach einiger Zeit kehrte er auf dem umgekehrten Weg, dieses Mal jedoch ohne auf Zypern Halt zu machen, zurück. Nach dem Apostelkonzil in Jerusalem begab sich Paulus auf die zweite Missionsreise (Apostelgeschichte 15,36–18,22). Dieses Mal wandte er sich auf dem Landweg zu den bereits von ihm auf der ersten Reise besuchten Orten. Nachdem er auch Phrygien und Galatien durchreist hatte, kam er über Troas auf das griechische Festland und predigte dort u. a. in Athen. Schließlich segelte er nach einem längeren Aufenthalt in Korinth über Ephesus nach Cäsarea und begab sich von dort aus zurück nach Antiochia. Auf der dritten Missionsreise (Apostelgeschichte 18,23–21,17) durchwanderte er die kleinasiatischen Landschaften Galatien und Phrygien und kam schließlich nach Ephesus, wo er sich ca. zweieinhalb Jahre aufhielt. Während dieser Zeit unternahm er eine Reise nach Korinth, wohl um Fragen bezüglich seiner Autorität zu klären. Schließlich brach er von Ephesus aus nochmals nach Griechenland auf. Der Rückweg führte ihn über Philippi und Troas nach Milet und schließlich über Rhodos und Patara nach Tyrus. Von dort aus wandte er sich nach Jerusalem, wo er im Tempel von einer wütenden Menge ergriffen und unter römischem Schutz zum Prokurator Felix nach Cäsarea gebracht wurde. Als Paulus von dem Prokurator angeklagt wurde, bestand er auf sein römisches Bürgerrecht, Berufung beim Kaiser in Rom einlegen zu können. Hierzu segelte Paulus dann in Begleitung eines Soldaten, der ihn bewachte, nach Rom (Apostelgeschichte 27,1–28,16). Dort starb er wenige Jahre später als Märtyrer.

Höhenschichten
über 2000 m
1000–2000 m
500–1000 m
200–500 m
0–200 m
unter 0 m
1. Missionsreise des Paulus
2. Missionsreise des Paulus
3. Missionsreise des Paulus
Reise nach Rom
Ort
Ortslage der Sendschreiben der Johannesoffenbarung
0 50 100 150 200 250 300 km
© 2000 by Calwer Verlag Stuttgart
ITALIEN
Rom
Tiber
Tres Tabernae
Forum Appii
Puteoli
Tyrrhenisches Meer
Rhegion
Syrakus
Malta
Dalmatien
Illyrien
Donau
Schwarzes Meer
Bosporus
Marmarameer
Mazedonien
GRIECHEN-LAND
Neapolis
Philippi
Apollonia
Amphipolis
Thessalonich
Beröa
Nikopolis
Achaia
Korinth
Kenchreä
Athen
Sparta
Ionisches Meer/Adria
Adria
Ägäisches Meer
Samothrake
Troas
Dardanellen
Assos
Adramyttium
Lesbos
Mitylene
Chios
Samos
Patmos
Kos
Knidos
Milet
Ephesus
Smyrna
Sardes
Thyatira
Pergamon
Philadelphia
Hierapolis
Laodizea
Kolossä
Mysien
Bithynien – Pontus
Galatien
Phrygien
Pisidien
Lykaonien
Kappadozien
Kommagene
Eufrat
Halys
Antiochia
Ikonion
Lystra
Derbe
Tarsus
Zilizien
Asien
Pamphylien
Lyzien
Attalia
Perge
Myra
Patara
Rhodos
Kreta
Phönix
Lasäa
Kauda
Salmone
Zyrene
LIBYEN
Große Syrte
Mittelmeer
Antiochia
Seleuzia
Daphne
Beröa
Orontes
Syrien
Damaskus
Syrophönizien
Phönizien
Sidon
Sarepta
Tyrus
Ptolemais
Cäsarea
Apollonia
Antipatris
Joppe
Aschdod
Lydda
Jerusalem
Scharon
Jordan
Totes Meer
Skythopolis
Zypern
Salamis
Paphos
Seleuzia
ÄGYPTEN
Alexandria
Nil
Mündungen des Nil
Arabien

Jerusalem in alt- und neutestamentlicher Zeit

Karte 16a zeigt durch unterschiedliche farbliche Markierung die zunehmende Ausdehnung der Stadt im Verlauf der alttestamentlichen Zeit. Zudem wird durch eine dickere Strichführung die archäologisch erfasste Stadtmauer farblich wiedergegeben.

Bis in die Zeit Davids hinein beschränkte sich das Stadtareal Jerusalems auf einen kleinen Sporn, der im Westen vom Tyropoion- oder Stadttal (vgl. Karte 16b) und im Osten vom Kidrontal begrenzt war. Durch die steil zu den Tälern hin abfallenden Abhänge war die Stadt besonders gut geschützt. Zudem befand sich im Tal die Gihon-Quelle, die die Wasserversorgung der Bewohner sicherstellte. Salomo fügte im Norden den Tempelplatz hinzu, auf dem in vorexilischer Zeit auch der Königspalast stand. Im späten 8. Jahrhundert wurde das Stadtgebiet erheblich vergrößert. Flüchtlinge aus dem von den Assyrern eroberten Nordreich siedelten sich in Jerusalem an, so dass die nun errichtete Mauer auch die Gebiete der unteren und der oberen Stadt einschloss. Um das Wasser der Gihon-Quelle in den Süden der Stadt zu leiten und es damit leichter verfügbar zu machen, wurde unter Hiskija ein unterirdischer Tunnel gegraben. 587 v. Chr. wurde Jerusalem von den Babyloniern dem Erdboden gleichgemacht. Erst Nehemia ließ ab 445 v. Chr. die Stadtmauer, nun auf einem verkleinerten Areal, wieder errichten.

Karte 16b beschreibt die Entwicklung Jerusalems in den folgenden Jahrhunderten, in denen es rasch wieder an Bedeutung gewann und stetig vergrößert wurde. Herodes der Große führte in Jerusalem zahlreiche Baumaßnahmen durch. Er verdoppelte das Areal des Tempelplatzes und baute den Tempel neu auf. In der sich nördlich an den Tempel anschließenden Burg Antonia waren die römischen Soldaten stationiert, die von dort aus den Tempelplatz überwachen sollten. Im Westen der Stadt erbaute Herodes seinen Palast. Hier – und wohl nicht, wie früher traditionell angenommen, in der Burg Antonia – wohnte auch Pontius Pilatus, wenn er zu den hohen Feiertagen nach Jerusalem kam. Auf dem Hof dieses Palastes dürfte demnach Jesus verurteilt worden sein. Die unterschiedliche Lokalisierung des Ortes, an dem die Verurteilung Jesu stattfand, zieht eine andere Wegführung zur Kreuzigung (»via dolorosa«) nach sich. Golgota (aramäisch »Schädelstätte«) und das Grab Jesu, die sich beide in der heutigen Grabeskirche befinden, lagen zu dieser Zeit noch außerhalb der Stadtmauer. In der unmittelbaren Umgebung von Golgota sind auch einige Gräber aus neutestamentlicher Zeit nachgewiesen. Erst 41 n. Chr. wurde eine neue Mauer errichtet, so dass nun das Gebiet von Golgota innerhalb der Stadtmauern lag.

Im *Anhang* findet sich eine Kartenskizze der Stätten archäologischer Grabungen in Palästina (Anhang 1). Wegen der Vielzahl der Grabungen in den Staaten Israel, Jordanien und Palästina beschränkt sich die Ortsauswahl auf diejenigen Orte, die einerseits umfassendere Befunde aufweisen und andererseits für die alt- und neutestamentliche Zeit bzw. für die vorbyzantinische Kulturgeschichte des Landes von besonderem Belang sind.

Die nachfolgende Zeichnung (Anhang 2) mit dem Höhenprofil Palästinas soll die geographische Struktur des Landes verdeutlichen.

Jerusalem in neutestamentlicher Zeit

Nekropolengebiet

Ölberg

Garten Getsemani
Goldenes Tor
Salomonische Halle
Monumentalgräber
Kidrontal
Teich
Teich Betesda
Burg Antonia
Struthion-Teich?
Zweite Mauer
via dolorosa
traditionelle via dolorosa
Baris
Zion
Tempel
Tempel (nach Middot)
Akra
Königliche Halle
Ofel
Wassertor?
(Gihon-Quelle)
Kidrontal
UNTERSTADT
Tal
Tyropoiontal
Schiloach-Quelle und -Teich
Hakeldamach
Hinnomtal
Rathaus
Erste Mauer
Gartentor?
Grab Jesu. Golgota
Amygdales-Teich
Teich
Hippikus-Turm
Phasael-Turm
Mariamne-Turm
Herodianischer Königspalast
Hasmonäischer Königspalast
Wohnquartier
OBERSTADTÖBERER MARKT
HASMONÄISCHE WEST-ERWEITERUNG
Zion
Bet-So
Essentor
Abendmahlssaal?
Haus des Kaiafas?
Wohnquartier
Schlangen-Teich?
Aquädukt
Nekropolengebiet

© 2000 by Calwer Verlag Stuttgart

traditionelle via dolorosa
wahrscheinlicher Weg Jesu vom Palast des Pilatus bis Golgota
Bauaktivitäten zur Zeit Herodes d. Gr. (37–4 v. Chr.)
Veränderungen zwischen Herodes d. Gr. und 70 n. Chr.
Altstadt mit der heutigen Stadtmauer
Hasmonäerzeit

Jerusalem in alttestamentlicher Zeit

Nekropolengebiet

Ölberg

Kidrontal
Osttor
SALOMONISCHE NORD-ERWEITERUNG
Benjamintor
Efraimtor
Zion
Tempel
Tempel
Läufertor?
Königspalast
Ecktor
Grundtor
Jeschanator
Gefängnistor?
Rosstor
Ofel
Wassertor?
Wasserschacht (Warren-Schacht)
(Gihon-Quelle)
Schiloach-Kanal
Hiskija-Tunnel
Königlicher Garten
Taltor
Taltor?
Gräber der Könige?
Quelltor
STADT NEHEMIAS
DAVIDSTADT Zion
Machtesch/Mörser?
Unterer Teich Drachenquelle
Alter Teich?
Scherbentor Misttor
Tofet?
Fischtor? Mitteltor?
Oberer Teich?
Turm Hananel
Turm der Einhundert/Mea
Schattor.
HISKIJANISCHE WEST-ERWEITERUNG
MISCHNE/NEUSTADT?
Gareb?
Hinnomtal
Nekropolengebiet

© 2000 by Calwer Verlag Stuttgart

Jerusalem im 3. und 2. Jahrtausend v. Chr. (bis einschließlich der Zeit Davids)
Salomonische Zeit (Mitte 10. Jh. v. Chr.)
Zeit nach der Reichsteilung bis zur Eroberung Jerusalems 587 v. Chr.
babylonisch-persische Zeit
Altstadt mit der heutigen Stadtmauer

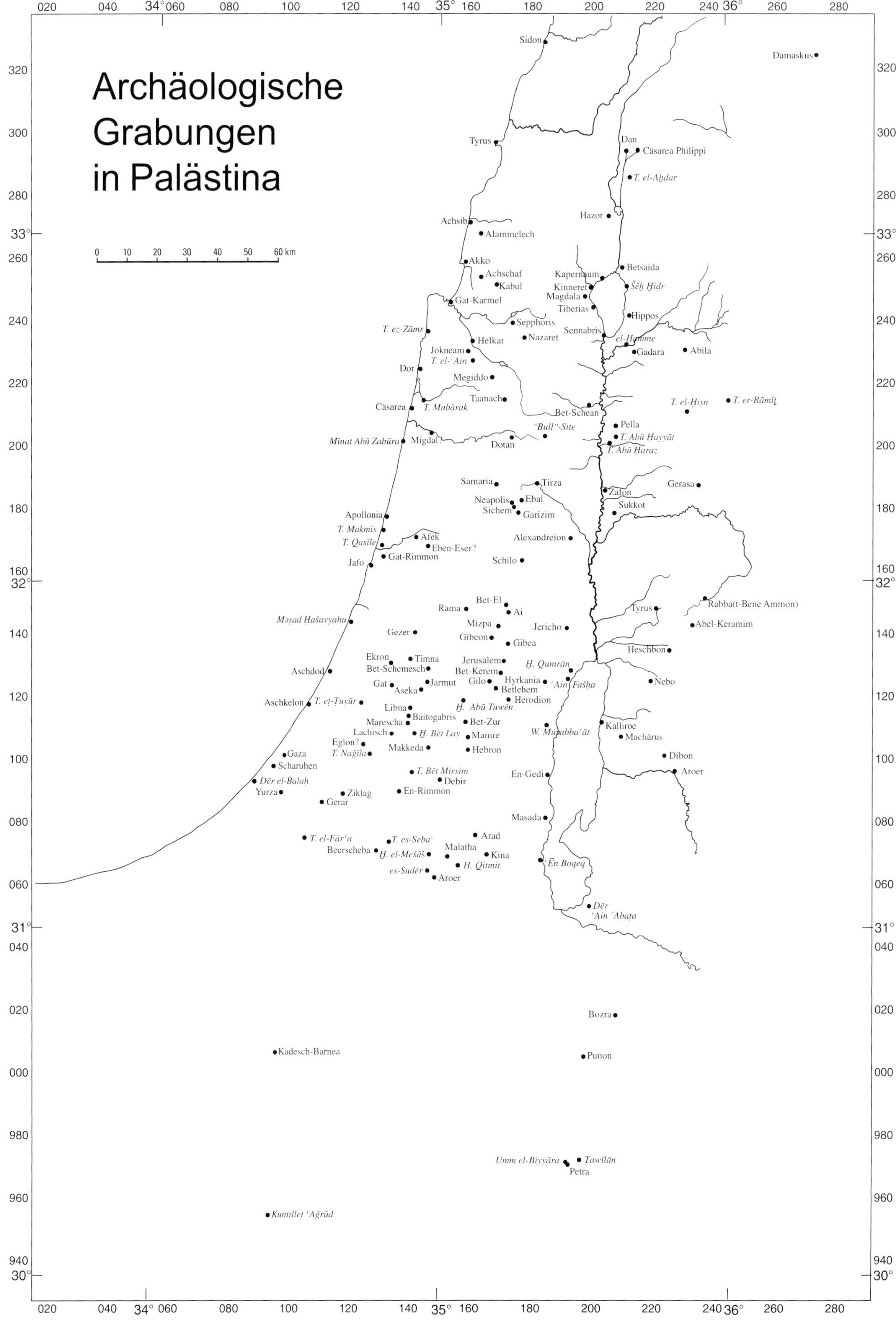

Archäologische
Grabungen
in Palästina
0 10 20 30 40 50 60 km
Sidon
Damaskus
Tyrus
Dan
Cäsarea Philippi
T. el-Aḥdar
Achsib
Hazor
Alammelech
Akko
Achschaf
Kapernaum
Betsaida
Kabul
Kinneret
Šēḫ Ḥidr
Gat-Karmel
Magdala
Tiberias
Hippos
T. ez-Zāmr
Sepphoris
Sennabris
el-Ḥamme
Helkat
Nazaret
Gadara
Abila
Jokneam
T. el-ʿAin
Dor
Megiddo
Cäsarea
T. Mubārak
Taanach
Bet-Schean
T. el-Ḥiṣn
T. er-Rāmiṯ
"Bull"-Site
Pella
Minat Abū Zabūra
Migdal?
Dotan
T. Abū Hayyāt
T. Abū Ḥaraz
Samaria
Tirza
Gerasa
Neapolis
Ebal
Zafon
Sichem
Garizim
Sukkot
Apollonia
T. Makmis
Alexandreion
T. Qasīle
Afek
Eben-Eser?
Jafo
Gat-Rimmon
Schilo
Bet-El
Rabba(t-Bene Ammon)
Rama
Ai
Tyrus
Moṣad Ḥašavyahu
Mizpa
Jericho
Abel-Keramim
Gezer
Gibeon
Gibea
Heschbon
Ekron
Timna
Jerusalem
Ḥ. Qumrān
Aschdod
Bet-Schemesch
Bet-Kerem
Gat
Jarmut
Gilo
Hyrkania
Nebo
Aseka
Betlehem
ʿAin Fašha
Aschkelon
T. eṭ-Ṭuyūr
Herodion
Libna
Ḥ. Abū Tuwēn
Marescha
Baitogabris
Bet-Zur
Lachisch
Ḥ. Bēt Lay
Mamre
Kalliroe
Eglon?
Makkeda
Hebron
W. Muṛabbaʿāt
Machärus
T. Naḡīla
Gaza
Dibon
Scharuhen
T. Bēt Mirsim
En-Gedi
Aroer
Dēr el-Balah
Debir
Yurza
Ziklag
En-Rimmon
Gerar
Masada
T. el-Fārʿa
T. es-Sebaʿ
Arad
Beerscheba
Malatha
Ḥ. el-Mešāš
Kina
es-Sudēr
Ḥ. Qitmit
ʿĒn Boqeq
Aroer
Dēr
ʿAin ʿAbaṭa
Bozra
Kadesch-Barnea
Punon
Umm el-Biyyāra
Tawīlān
Petra
Kuntillet ʿAḡrūd

Palästina im Quer- und Längsschnitt

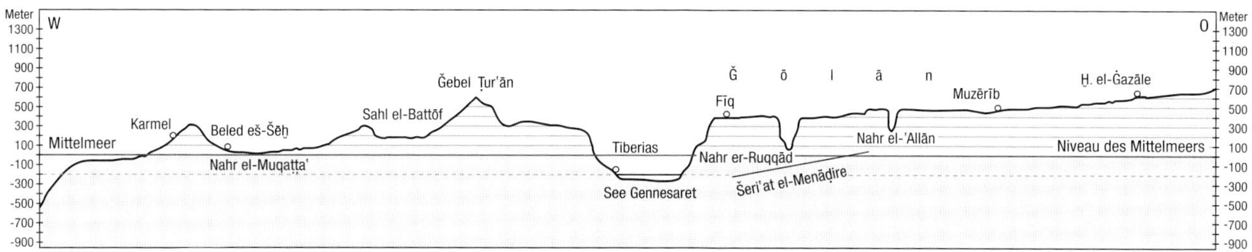

Querschnitt auf der Höhe des Sees Gennesaret

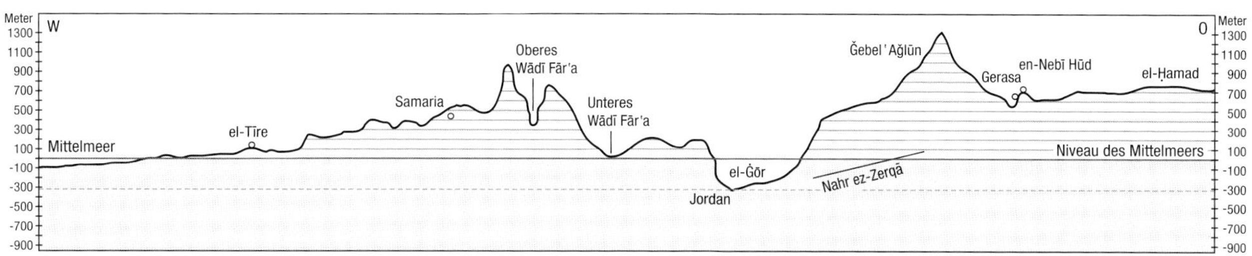

Querschnitt auf der Höhe von Samaria

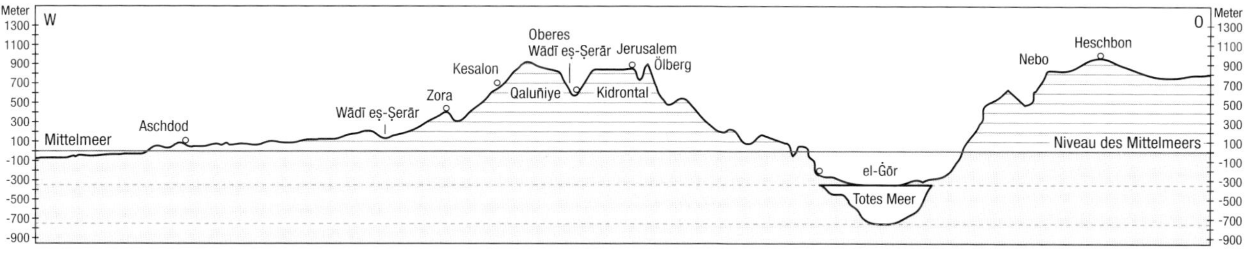

Querschnitt auf der Höhe von Jerusalem

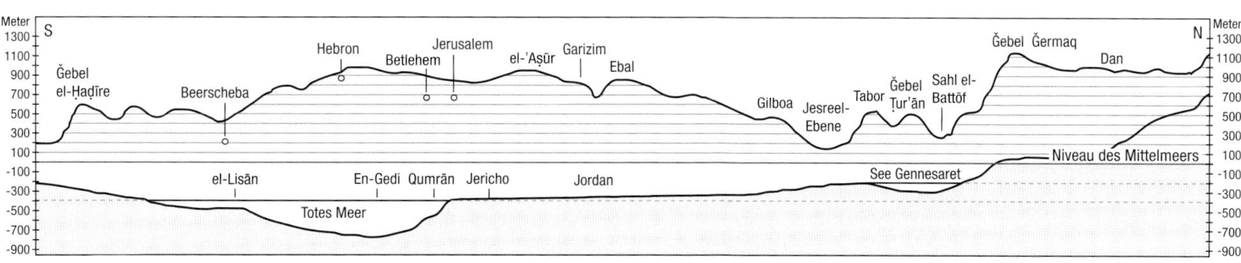

Längsschnitt bei Jerusalem und im Jordangraben

Register

In Klammern angegebene Ortnamen der ersten Spalte bezeichnen bedeutsame heutige Orts-
lagen, deren antiker Name nicht angegeben wurde.

Biblischer Ortsname	heutiger Ortsname	Koordinaten	Karte
Abana	s. Amana I		
Abarim		205-220.050-130	1, 5, 7
Abdon	Ḥirbet ʿAbde	165.272	4
Abel I	s. Abel-Bet-Maacha		
Abel II	Ḥirbet Umm el-Abār?	239.208	2
Abel III	Bālūʿa?	224.085	2
Abel-Bet-Maacha	Ābil el-Qamḥ	204.296	2, 5-6, 12
Abel-Keramim	Tell el-ʿUmērī	234.142	2, 5
Abel-Majim	s. Abel-Bet-Maacha		
Abel-Mehola	Tell Abū Sūs	203.197	5, 6
Abel-Mizrajim	nicht lokalisiert		
Abel-Schittim	Tell el-Kafrēn	211.139	5-6
Abieser		160-170.180-170	4-6
Abila I	Tell Ābil	231.231	2, 12-14
Abila II	Ḥirbet el-Kafrēn	210.139	12-13
	s.a. Abel-Schittim		
Abilene		240-270.320-330	13-14
Abimael	nicht lokalisiert		
Abrona	nicht lokalisiert		
Achaia		C.2	15
Achlab	s. Mahaleb		
Achor (Ebene)	Wādī en-Nuwēʿime	191.144	4-6, 11a
Achschaf	Tell Kēsān	164.253	2, 4-5
Achsib I	Ḥirbet el-Bēḍā	145.116	4-5
Achsib II	ez-Zīb	159.272	4-5, 7
Adada	s. Aroer		
Adam	Tell ed-Dāmīye	201.167	5-6
Adama	Ḥirbet Madyan	193.245	4
Adami-Nekeb	Ḥirbet et-Tell	193.239	2, 4
Adasa	Ḥirbet ʿAdāsa?	170.139	12-13
Addar	nicht lokalisiert		
Aditajim	nicht lokalisiert		
Adma	nicht lokalisiert		
Adora	s. Adorajim		
Adorajim	Dūra	152.101	2, 6-7, 12-13
Adoren	Tell el-Asāwir	152.209	2
Adoreos	s. Adorajim		
Adramyttium	Edremit	D.2	15
Adria	Adria	A-B.1-2	15
Adullam	Ḥirbet eš-Šēḫ Maḏkūr	150.117	4-7, 11a, 12
Adummim	Ḏahr Šāmēs?	178.133	4
Aduru	s.a. Edrei I		
Afek I	Rās el-ʿĒn	143.168	2, 5, 7
	s.a. Pegai und Antipatris		
Afek II	Afqā?	231.382/F.3	8
Afek III	Tell Kurdāne?	160.250	4-5
Afek IV	Fiq	216.243	6
Afeka	nicht lokalisiert		
Agaba	nicht lokalisiert		
Ägypten	Ägypten	D-E.3-4	3, 8-10, 15
Ahawa	nicht lokalisiert		
Ai I	et-Tell	174.147	5
	s.a. Aja		
Ai II	nicht lokalisiert		
Aja	et-Tell?	174.147	6, 11a
Ajalon	Yālō	152.138	2, 4-5, 7
Ajat	s. Aja		
Ajin I	nicht lokalisiert		
Ajin II	s. En-Rimmon		
Akkad		G-H.2	8
Akko	Tell el-Fuḫḫār	158.258	1, 2, 4-5, 7
Akrabattene	ʿAqrabā	182.170	12-13
Alalach	Tell el-Açāna	F.2	8
Alammelech	et-Tell/el-Kabri?	163.268	4
Alasia	s. Elischa		
Alema	ʿIlmā?	267.239	13
Alemet	s. Almon		

Biblischer Ortsname	heutiger Ortsname	Koordinaten	Karte
Aleppo	Ḥaleb	F.2	8
Alexandreion	Qarn Ṣarṭabe	194.167	12-13
Alexandria	Alexandria	E.3	15
Almolad	nicht lokalisiert		
Almon	Ḥirbet ʿAlmīt	176.136	4-5
Almon-Diblatajema	Ḥirbet Dulēlat eš-Šerqīye	228.116	3, 5-7
Alusch	nicht lokalisiert		
Amad	nicht lokalisiert		
Amalekiter		090-180.020-070	5
Amam	nicht lokalisiert		
Amana I	Nahr Baradā	236-287.321-328	1, 4
Amana II	nicht lokalisiert		
Amathus	Tell Muġannī	212.178	13
Amma	Ḥirbet el-Qubbe	177.141	5
Ammathus	el-Ḥammām	201.241	13
Ammon	s. Rabba(t-Bene-Ammon)		1, 4
Ammon (Staat, Provinz)		225-280.130-180	6, 11a
Amoriter		F.2-3	8
Amphipolis	Neochori	C.1	15
Amschan	Imṭān	ca. 330.195	2
Anab	Ḥirbet ʿUnnāb eṣ-Ṣeġīre	145.091	4-5
Anaharat	Tell el-Muḫarḫaš	194.228	2, 4
Anakiter		090-125.080-165	2, 4-5
Anamiter	nicht lokalisiert		
Ananja	el-ʿĀzarīye	174.130	11a
	s.a. Betanien I		
Anatot	ʿAnāta	175.135	4-7, 11a
Anem	s. En-Gannim		
Anim	Ḥirbet Ġuwēn eṭ-Taḥtā	156.084	4-5
Änon	nicht lokalisiert		
Anouat Borkaios	Ḥirbet Barqīt	175.166	13
Anthedon	Tīda	098.105	13
Antiochia I	Anṭāqiye	F.2	15
Antiochia II	Jalowadsch	E.2	15
Antipatris	Rās el-ʿĒn	143.168/E.3	12-13, 15
	s.a. Afek I		
Aphairema	s. Efron I		
Apollonia I	Arsūf	132.178/E.3	13, 15
Apollonia II	Poian	C.1	15
Ar(-Moab)		205-220.095-110	5-6
Arab	Ḥirbet er-Rābīye?	153.093	4
Araba	el-ʿAraba	145-200.885-050	1
Arabatha	er-Rabbe	220.075	13
Arabien I	Arabische Halbinsel	F-G.4	8-10, 15
Arabien II		200-310.960-240	13, 14
Arad	Tell ʿArād	162.076	3-7
Aram		F.2-3	1, 8-9, 11b
Ararat		G.2	8-9
Arbatiter	s. Bet-Araba		
Arbatta	nicht lokalisiert		
Arbela	Ḥirbet Irbid	195.246	12-13
Archelais	Ḥirbet el-ʿAuǧā eṭ-Taḥtā	194.150	13
Areopag	s. Athen		
Argob	nicht lokalisiert		
Ariel	s. Jerusalem		
Arimatäa	Rentis?	152.159	14
	s.a. Ramatajim II		
Arka	ʿArqā	F.3	8, 11b
Arkiter I	Stamm, bei el-Bīre	170.146	4-5
Arkiter II	s. ʿArka		
Arnon	Wādī el-Muǧib	232.075-204.097	1, 4-7
Aroer I	Ḥirbet ʿArāʿir	228.097	4-7
Aroer II	Ḥirbet Uḏēnā	233.152	4-5
Aroer III	Ḥirbet ʿArʿara	148.062	4-5
Aron	Ḥirbet ʿĀra	157.212	2
Arpachschad			11b
Arpad	Tell Refāt	F.2	8-9
Arubbot	Baṭn en-Nūrī?	166.199	5
Aruma	Ḥirbet el-ʿUrme	180.172	5, 7
Arus	Ḥarīs?	163.169	13

44

Biblischer Ortsname	heutiger Ortsname	Koordinaten	Karte
Arwad	Ruād	F.3	8-10, 11b
Asamon	Ǧebel ed-Dēdebe?	175.247	13
Aschan I	nicht lokalisiert		
Aschan II	nicht lokalisiert		
Aschdod	Esdūd	117.129/E.3	2, 4-10, 11a, 12-13, 15
Aschdod (Provinz)			11a
Aschdod-Jam	Mīnet el-Qalʿa	114.132	7
Ascher		154-182.231-333	4
Aschkelon	ʿAsqalān	107.118/E.3	2, 4-10, 11a, 12-13
Aschkenas		G.1	9, 11b
Aschna I	nicht lokalisiert		
Aschna II	Idna	148.107	5
Aschtarot	Tell ʿAštara	245.246	2, 4-5
Aschterot-Karnajim	s. Aschtarot		
Aschuriter	s. Schur		
Aseka	Tell Zakarīye	144.123	4,-7, 11a
Asfar	nicht lokalisiert		
Asien		D-F.2	15
Asmawet	s. Bet-Asmawet		
Asnot-Tabor	Umm Ǧebēl	186.237	4
Asochis	Tell el-Bedēwīye	174.243	13
	s.a. Hannaton		
Asriel		160-180.165-170	4-5
Asser I	s. Ascher		
Asser II	nicht lokalisiert		
Assos	Behremkale	D.2	15
Assur I	Qalʿat Šerqāt	G.2	8-10
Assur II	s. Assyrien		
Assur II	s. Schur		
Assyrien		G.2	8, 11b
Atach	nicht lokalisiert		
Atarim	nicht lokalisiert		
Atarot I	Tell eš-Šēḫ Ḍiyāb	190.161	4-5
Atarot II	s. Atrot-Addar		
Atarot III	Ḥirbet ʿAṭṭārūs	213.109	5-6
Atrot-Addar	——	170.142	4
	bei Ḥirbet ʿAṭṭāra	170.143	
Atrot-Bet-Joab	nicht lokalisiert		
Atrot-Schofan	nicht lokalisiert		
Athen	Athen	C.2	10, 15
Äthiopien	s. Kusch		
Attalia	Antalya	E.2	15
Auranitis	Ǧebel ed-Drūz	260-320.230-260	12-14
Awa I		085-110.080-100	4-5
Awa II	nicht lokalisiert		
Awen	s. Bet-El		
Awim	nicht lokalisiert		
Awit	nicht lokalisiert		
Awiter	nicht lokalisiert		
Azmon	nicht lokalisiert		
Azor	Yāzūr	131.159	4, 7
Azuru	s. Azor		
Azza	Zawāta	171.183	6
Baal	s. Baalat-Beer		
Baala I	nicht lokalisiert		
Baala II (Berg)	——	130.140	4
Baalat	el-Muǧār?	129.138	4-5
Baalat-Beer	nicht lokalisiert		
Baal-Gad	Tell ez-Zetūn?	219.321	4, 5
Baal-Hamon	nicht lokalisiert		
Baal-Hazor	Ǧebel el-ʿAṣūr	177.153	1, 5, 12-13
Baal-Hermon	s. Hermon		
Baal-Meon	Māʿīn	219.120	4-7
Baal-Peor	s. Bet-Pegor		
Baal-Pegor	s. Bet-Pegor		
Baal-Perazim	Gīlo	167.127	5-6
Baal-Schalischa	Kafr Ṯilṯ	154.174	6
Baal-Tamar	Ǧebel eṭ-Ṭawīl?	172.145	5
Baal-Zefon	Rās el-Kasrūn	966.071	3
Babel	Babīl	G.3	8-10, 11b
Babylon	s. Babel		
Babylonien		G-H.3	8-10
Bach Ägyptens	Wādī el-ʿArīš	036.063-070.010/ E.3-4	1, 4, 8-9
Bahurim	Barrūka	175.131	5
Baitogabris	Bēt Ǧibrīn	140.112	12-13
Baka	el-Buqēʿa?	181.264	12-13
Bamot-Baal	Ḥirbet el-Quwēǧīye?	220.127	4-6
Baschan		210-240.215-240	1, 4-7
	s.a. Batanäa		
Baska	nicht lokalisiert		
Baskama	nicht lokalisiert		
Batanäa		210-240.215-240	13-14
	s.a. Baschan		
Batane	s. Bet-Anot		
Bathyra	Nawa?	247.255	13
Bat-Rabbim	nicht lokalisiert		
Bealot	nicht lokalisiert		
Bebai	nicht lokalisiert		
Beer I	nicht lokalisiert		
Beer II	nicht lokalisiert		
Beerajim	Būrīn	173.176	6
Beer-Elim	nicht lokalisiert		
Beer-Lahai-Roi	nicht lokalisiert		
Beerot	Ḥirbet el-Burǧ	167.136	5, 11a
Beerot-Bene-Jaakan	nicht lokalisiert		
Beerscheba I	Bīr es-Sebaʿ	129.071	1, 4-7, 11a, 12-13
Beerscheba II	Ḥirbet Abū Šība	189.259	12-13
Bektilet	nicht lokalisiert		
Bela	s. Zoar		
Bene-Berak	Ibn Ibrāq	133.160	4, 7
Bene-Jaakan	nicht lokalisiert		
Benjamin		158-202.130-148	4
Beon	nicht lokalisiert		
Beracha	nicht lokalisiert		
Berea	Ḥirbet el-Burǧ	167.136	12
	s.a. Beerot		
Bered	nicht lokalisiert		
Beröa I	Ḥalep	F.2	10, 15
Beröa II	Verria	C.1	15
Berota	Berētā	F.3	8-9
Berotai	s. Berota		
Besek	Ḥirbet Ibzīq	187.197	5
Besor	Wādī es-Sebaʿ	135.075-105.070	5
Bet-Amam	nicht lokalisiert		
Bet-Anat	Ṣafad el-Baṭṭīḫ?	190.289	2, 4-5, 12
Betanien I	el-ʿĀzarīye	174.130	14
Betanien II	Tell el-Ḥarrar	206.136	14
Bet-Anot	Ḥirbet Bēt ʿEnūn	162.107	4
Bet-Araba	ʿĒn el-Ǧarbe	197.139	4-5
Bet-Arbeel	nicht lokalisiert		
Bet-Aschbea	nicht lokalisiert		
Bet-Asmawet	Ḥezme	175.138	11a
Bet-Awen	s. Bet-El		
Bet-Baal-Meon	s. Baal-Meon		
Bet-Bamot	s. Bamot Baal		
Bet-Bara	nicht lokalisiert		
Bet-Basi	Ḥirbet Bēt Baṣṣa	171.122	12
Bet-Biri	nicht lokalisiert		
Bet-Dagon I	nicht lokalisiert		
Bet-Dagon II	nicht lokalisiert		
Bet-Diblatajim	s. Almon-Diblatajim		
Bet-Eden		F.2	8-9
Bet-Eked	Bēt Qād?	183.209	6
Bet-Eked-Roim	s. Bet-Eked		
Bet-El I	Ǧalūl?	231.125	2
Bet-El II	Bētīn	172.148/F.3	4-9, 11a, 12-13
Bet-Emek	Ḥirbet el-Lūn?	173.245	4
Beten	Ḥirbet Abṭūn?	160.241	4
Betesda	s. Jerusalem		16b
Bet-Ezel	nicht lokalisiert		
Betfage	Kafr eṭ-Ṭūr	174.131	14
Bet-Gader	s. Gedor		
Bet-Gamul	Ḥirbet el-Ǧumēl	235.100	7
Bet-Gan	Ǧinīn	178.207	6

Biblischer Ortsname	heutiger Ortsname	Koordinaten	Karte
Bet-Gilgal	s. Gilgal		
Bet-Hanan	nicht lokalisiert		
Bet-Haram	*Tell er-Rāme*	211.137	2, 4-5
Bethel	s. Bet-El		
Bet-Hogla	*Dēr Ḥaǧla* bei *ʿĒn Ḥaǧla*	197.136	4, 12-13
Bet-Horon (unteres)	*Bēt ʿŪr eṭ-Ṭaḥtā*	158.144	4-5, 11a
Bet-Horon (oberes)	*Bēt ʿŪr el-Fōqā*	160.143	2, 4-5, 11a, 12-13
Bet-Jeschimot	*Tell el-ʿUzēme*	208.132	4-5, 7, 12-13
Bet-Kar	nicht lokalisiert		
Bet-Kerem	*Ḥirbet Ṣāliḥ/Rāmat Rāḥēl*	170.127	4, 7, 11a
Bet-Leafra	*eṭ-Ṭayyibe*	153.107	6
Bet-Lebaot	nicht lokalisiert		
Betlehem I	*Bēt Laḥm*	169.123	4-7, 11a, 14
Betlehem II	*Bēt Laḥm*	168.238	4-5
Bet-Leptefa	*Ḥirbet Bēt Nattīf*	149.122	13
Bet-Maacha	s. Abel-Bet-Maacha		
Bet-Markabot	nicht lokalisiert		
Bet-Maous	*Ḥirbet Nāṣir ed-Dīn*	199.242	13
Bet-Meon	s. Baal-Meon		
Bet-Millo	nicht lokalisiert		
Bet-Nimra	*Tell Nimrīn*	209.145	4-5, 13
Betomestajim	nicht lokalisiert		
Betonim	*Ḥirbet Baṭne*	216.156	4
Bet-Pazzez	nicht lokalisiert		
Bet-Pegor	*Ḥirbet ʿUyūn Mūsā*	220.131	4-5
Bet-Pelet	nicht lokalisiert		
Bet-Peor	s. Bet-Pegor		
Bet-Rehob	s. Rehob		
Bet-Sacharja	*Bēt Sakāriye*	1618.1189	12-13
Betsaida	*et-Tell*	209.257	14
Bet-Sajit	*Ḥirbet Bēt Ziʿta*	161.114	12
Bet-Schean	*Tell el-Ḥuṣn*	197.212	2, 4-5
Bet-Schearim	*eš-Šēḫ Burēq*	162.234	13
Bet-Schemesch I	*Ḥirbet er-Rumēle*	147.128	2, 4-6
Bet-Schemesch II	*Ḥirbet Šēḫ eš-Šamsāwī?*	199.232	2, 4-5
Bet-Schemesch III	*Ḥirbet Tell er-Ruwēsi?*	181.271	4
Bet-Schemesch IV	*Tell Ḥiṣn*	776.955/E.3	3, 8-9
Bet-Schitta	*Šaṭṭā*	190.217	5
Bet-Tappuach	*Taffūḥ*	154.105	4-5
Bet-Ter	*Ḥirbet el-Yehūd*	162.126	4
Bet-Togarma	nicht lokalisiert		
Betuel	nicht lokalisiert		
Betul	nicht lokalisiert		
Betulia	nicht lokalisiert		
Bet-Zitti	*Zēta*	F.3	9
Bet-Zur	*Ḥirbet eṭ-Ṭubēqa*	159.110	4-7, 11a, 12-13
Bezer	s. Bozra II		
Bikat-Awen	*Beqaʿ-Ebene?*	220-230.320-360	6
Bithynien		D-E.1	15
Blütensteige		170.120-183.100	6, 11a
Bochim	nicht lokalisiert		
(Stein) Bohan	nicht lokalisiert		
Bor-Aschan	nicht lokalisiert		
Borsippa	*Birs Nimrūd*	G.3	10
Bor-Sira	*Ṣīrat el-Bellāʿī*	159.108	5
Bosor	s. Bozra II		
Bosora	*Boṣrā eski Šām*	289.214	2, 13
Bozez	im *Wādī eṣ-Ṣuwēnīt*	175.141	5
Bozkat	nicht lokalisiert		
Bozra I	*Buṣērā*	208.018	5-7
Bozra II	nicht lokalisiert		
Bozra III	s. Bosora		
Bubastis	s. Pi-Beset		
Burquna	*Burkīn*	174.206	2
Bus		H.4	8
Byblos	s. Gebal		
Cäsarea (maritima)	*Qaiṣarīye*	140.212/E.3	13-15
Cäsarea Philippi	*Bānyās*	215.294	14
Chaldäa		G-H.3	8-10
Charax	nicht lokalisiert		
Cheleer	nicht lokalisiert		
Chelus	*Ḥalaṣa*	117.056	13
Chios	*Chios*	D.2	15
Choba	nicht lokalisiert		
Chorazin	*Ḥirbet Kerāze*	203.257	14
Chus	nicht lokalisiert		
Dabbeschet	*Tell eš-Šammām?*	164.230	4
Daberat	*Ḥirbet Dabūra*	185.233	4, 13
Daphne I	*Ḥirbet Dafne*	209.292	13
Daphne II	*Bēt el-Māʾ*	F.2	15
Dagon	*Ǧebel Qaranṭal* s.a. Dok	190.142	13
Dalmanuta	nicht lokalisiert		
Dalmatien		B.1	15
Damaskus	*Dimašq*	273.324/F.3	1, 2, 5-10, 12, 14-15
Damaskus (Provinz)			6
Dan I (Stamm)		118-160. 128-168 und 208-215. 290-298	4
Dan II (Ort)	*Tell el-Qāḍī*	211.294	1, 4-6
Danna	nicht lokalisiert		
Datema	nicht lokalisiert		
Debir I	*Ḥirbet er-Rabūd*	151.093	4-5
Debir II	*Tōǧret ed-Debr*	187.134	4
Dedan	*el-ʿUlā*	F.4	9-10, 11b
Dekapolis		185-268.135-255	13-14
Delos	*Delos*	C.2	10
Derbe	*Kerti Hüyük*	E.2	15
Dessau	nicht lokalisiert		
Dibon	*Dībān*	224.101	1-7
Difat	s. Rifat		
Dikla	nicht lokalisiert		
Dilan	nicht lokalisiert		
Dimna	s. Rimmon		
Dimon	*Ḥirbet el-Ḥarazīya*	216.077	6
Dimona	nicht lokalisiert		
Dinhaba	nicht lokalisiert		
Dion	*Tell Asʿarī?*	245.239	2, 13-14
Di-Sahab	nicht lokalisiert		
Dofka	nicht lokalisiert		
Dok	*Ǧebel Qaranṭal*	190.142	12
Dor	*Ḥirbet el-Burǧ*	142.224/E.3	2, 4-5, 8-9, 12-13
Dörfer Jairs	s. Baschan		
Dotan	*Tell Dōṭān*	173.202	4-6, 12
Drachenquelle	s. Jerusalem		16a
Duma	*ed-Dūme*	148.093	4
Dura	nicht lokalisiert		
Dur Scharukkin	*Ḫorsabad*	G.2	8
Ebal	*Ǧebel Islāmīye*	177.182	1, 5, 12
Eben-Bohan	nicht lokalisiert		
Eben-Eser I	*ʿIzbet Ṣarṭa?*	146.167	5
Eben-Eser II	nicht lokalisiert		
Ebez	nicht lokalisiert		
Ebla	*Tell Mardīḫ*	F.2	8
Ebron	s. Abdon		
Eden I	nicht lokalisiert		
Eden II	s. Bet-Eden		
Eder	s. Arad		
Edom		max. 100-260.930-050 E-F.3	1, 3-10
Edrei I	*Derʿā*	253.224	2, 4-5
Edrei II	nicht lokalisiert		
Efa	nicht lokalisiert		
Efes-Dammim	nicht lokalisiert		
Efraim I (Stamm)		120-202.140-184	4
Efraim II (Ort)	s. Efron I		
Efraim III (Staat)		140-202.142-205	6
Efraim IV (Gebirge)		160-190.145-210	1
Efrata I	nicht lokalisiert		
Efrata II	s. Betlehem I		
Efron I	*eṭ-Ṭayyibe* s.a. Ofra	178.151	11a, 13
Efron II	*eṭ-Ṭayyibe*	217.216	12-13
Efron (Gebirge)	nicht lokalisiert		
Eglajim	nicht lokalisiert		

Biblischer Ortsname	heutiger Ortsname	Koordinaten	Karte
Eglat-Schelischija	nicht lokalisiert		
Eglon	*Tell el-Ḥesī?*	124.106	
	bei *Ḥirbet ʿAǧlān*	123.108	4-5
Egrebel	nicht lokalisiert		
Eichgrund	*Wādī es-Sanṭ*	123.130-155.125	5
Ekbatana	*Hamadān*	H.3	10
Ekdippon	*ez-Zīb*	159.272	13
	s.a. Achsib		
Ekron	*Ḥirbet el-Muqannaʿ*	136.131/E.3	4-9, 12-13
Elale	*Ḥirbet el-ʿĀl*	228.136	5-7
Elam		H-I.3	8-10, 11b
(el-Amarna)	*el-Amarna*	E.4	8
Elasa	*Ḥirbet Ilʿasā*	160.144	12
Elat	*Tell el-Ḥulēfī*	147.884	3, 5-7
in NT-Zeit:	*el-ʿAqaba*	149.882	10
El-Bet-El	s. Bet-El		
Elef	nicht lokalisiert		
Eleutherus	*Nahr el-Kebīr*	F.3	10
Elim	nicht lokalisiert		
Elischa	Zypern	E.2-3	8-9, 11b
Elkosch	nicht lokalisiert		
Ellasar	nicht lokalisiert		
Elmatan	*Immātīn*	165.177	6
Elon	s. Ajalon		
El-Paran	*ʿAyyil*	201.958	5
Elteke	*Tell eš-Šallāf?*	128.144	4, 7
Eltekon	nicht lokalisiert		
Eltolad	nicht lokalisiert		
Elymais	nicht lokalisiert		
Emar	*Meskene*	F.2	8
Emek-Keziz	nicht lokalisiert		
Emiter		205-240.050-095	2
Emmaus I	*ʿAmwās*	149.138	12-14
Emmaus II	*Bīr el-Hamām?*	171.141	14
Emmaus III	*Qalūnyā*	165.133	13
Enajim	nicht lokalisiert		
Enam	nicht lokalisiert		
En-Dor	*Ḥirbet Ṣafṣafe*	187.227	4-5
En-Eglajim	nicht lokalisiert		
En-Gannim I	*Ḥirbet Umm Ǧinā*	146.128	4
En-Gannim II	*Ḥirbet Bēt Ǧinn*	196.235	4
En-Gedi	*Tell el-Ǧurn*	187.097	4-5, 7, 13
En-Hadda	*Hadeṭa*	196.232	4
En-Hazor	nicht lokalisiert		
En-Kore	nicht lokalisiert		
En-Mischpat	s. Kadesch		
En-Rimmon	*Tell el-Ḥuwēlife*	137.087	4, 11a
En-Rogel	s. Rogel-Quelle		
En-Schemesch	*ʿĒn el-Ḥōḏ*	175.131	4
En-Tannin	s. Drachenquell		
En-Tappuach	*Yāsūf*	172.168	4
	s.a. Jaschub		
Ephesus	*Selçuk*	D.2	15
Erech	s. Uruk		11b
Eschan	nicht lokalisiert		
Eschkol	nicht lokalisiert		
Eschnunna	*Tell Asmar*	G.3	8
Eschtaol	*Išwaʾ*	151.132	4-5
Eschtemoa	*es-Samūʿa*	156.089	4-5
Esek	nicht lokalisiert		
Esrach	nicht lokalisiert		
Essa	nicht lokalisiert		
Etam I	*Ḥirbet el-Ḫōḫ*	166.121	4-5, 7
Etam II	*ʿAraq Ismaʿīn*	153.130	5
	oder Etam I		
Etam III	nicht lokalisiert		
Etam IV	nicht lokalisiert		
Etam (Wüste)		880-920.960-000	3
Eter I	*Ḥirbet el-ʿAṭār*	138.113	4
Eter II	nicht lokalisiert		
Et-Kazin	*Karm er-Rās?*	181.239	4
Eufrat	*Firat*	F-H.2-3	8-10, 15
Ezem	*Harābat el-ʿAzam?*	148.055	4-5
Ezjon-Geber	*Ǧezīret Firaʿūn*	135.875	3, 5-6
Faraton	s. Piraton		

Biblischer Ortsname	heutiger Ortsname	Koordinaten	Karte
Forum Appii	*San Donato*	A.1	15
Gaasch	nicht lokalisiert		
Gaba	*Tell Abū Šūše*	163.224	2, 13
Gabara	*ʿArrābe*	182.250	13
Gabbata	s. Jerusalem		
Gad		200-260.130-193	4
Gadara I	*Umm Qēs*	214.229	13-14
Gadara II	*Tell Ǧadūr*	220.160	13
Galatien		E.2	15
Gal-Ed	nicht lokalisiert		
Galiläa		170-205.230-300	1, 4-6, 12-14
Gallim	*Ḥirbet Kaʿkūl?*	173.135	4-6
Gamala	*es-Salām*	219.256	13
Gareb	s. Jerusalem		16a
Garis	*Ḥirbet Kennā?*	180.240	13
Garizim	*Ǧebel eṭ-Ṭōr*	176.179	1, 5, 12-13
Garu	*Ǧōlān*	210-260.233-280	2
	s.a. Gaulanitis		
Gat	*Tell eṣ-Ṣāfī*	135.123/E.3	2, 4-9
Gat-Eti	*Tell Ǧenʿābe?*	238.177	2
Gat-Hefer	*Ḥirbet ez-Zerrāʿ*	180.238	4, 6
Gat-Karmel	*Tell Abū Ḥawām*	152.245	2
Gat-Padalla	*Tell Ǧett*	154.200	2
Gat-Rimmon	*Tell el-Ǧerīše*	132.166	2, 4
Gaulanitis	*Ǧōlān*	210-260.233-280	13-14
	s.a. Garu		
Gaza	*Ǧazze*	099.101/E.3	1-10, 11a, 12-14
Geba I	*Ǧebaʿ*	175.140	4-7, 11a
Geba II	*Ǧebaʿ*	171.192	5
Geba III	nicht lokalisiert		
Geba-Benjamin	s. Geba		
Gebal I	*Ǧebēl/Byblos*	210.391/F.3	8-10
Gebal II		F.3	10
Geba-Schemen	*Tell el-ʿAmr?*	159.237	2
Ǧebel Mūsā	*Ǧebel Mūsā*	050.770	3
Ge-Ben-Hinnom	s. Hinnom (Tal)		
Gebim	nicht lokalisiert		
Geder	nicht lokalisiert		
Gedera	*Ḥirbet Ǧudrāya*	149.121	4
Gederot	nicht lokalisiert		
Gederotajim	nicht lokalisiert		
Gedor	*Ḥirbet Ǧedūr*	158.115	4-5
Ge-Hinnom	s. Hinnom (Tal)		16a, b
Gelilot	nicht lokalisiert		
Ge-Melach	s. Salztal		
Gennesaret		196.250-204.256	14
See Gennesaret	*Baḥret Ṭabarīye*	199-213.235-255	1, 12-14
	s.a. See Kinneret		
Gerar	*Tell Abū Hurēra*	112.087	5, 11a
Gerasa	*Ǧeraš*	234.187	13-14
Gerot-Kimchan	nicht lokalisiert		
Gerrener	s. Gerar		
Geschur I		210-240.230-260	4-5
Geschur II	nicht lokalisiert		
Geser	*Tell Ǧazarī*	142.140	2, 4-6, 11a, 13
Geter	nicht lokalisiert		
Getsemani	s. Jerusalem		16b
Giach	*Ḥirbet ed-Dawwāra*	178.141	5
Gibbeton	*Rās Abū Ḥamīd*	139.145	2, 4, 6
Gibea (in Benjamin)	*Tell el-Fūl*	172.136	4-6, 13
Gibea (in Juda)	nicht lokalisiert		
Gibea (in Efraim)	nicht lokalisiert		
Gibea-Hachila	nicht lokalisiert		
Gibeat-Amma	s. Amma		
Gibeat-Benjamin	s. Gibea (in Benjamin)		
Gibeat-Elohim	s. Gibea (in Benjamin)		
Gibeon	*el-Ǧīb*	167.139	4-7, 11a, 13
Gidom	nicht lokalisiert		
Gihon	s. Jerusalem		16a
Gilboa	*Ǧebel Fuqūʿa*	180.210-195.200	1, 5
Gilead (Landschaft)		200-250.160-235/ F.3	1, 4-5, 7, 9, 12

Biblischer Ortsname	heutiger Ortsname	Koordinaten	Karte
Gilead (Ort)	*Ḥirbet Ǧalʿād*	223.169	5
Gilead (Provinz)			6
Gilgal	*Ard el-Mefǧīr?*	194.142	3-6, 11a
Gilo	nicht lokalisiert		
Gimso	*Ǧimzū*	145.148	11a
Gina	*Ǧinīn*	178.207	2
	s.a. Bet-Gan		
Ginaia	*Ǧinīn*	178.207	13
	s.a. Bet-Gan		
Girgaschiter	nicht lokalisiert		
Gischala	*el-Ǧīš*	191.270	13
Gittajim	nicht lokalisiert		
Goa	nicht lokalisiert		
Gob	nicht lokalisiert		
Gofna	*Ǧifna*	170.152	13
Gojjim	nicht lokalisiert		
Golan	*Ṣaḥem el-Ǧōlān?*	238.243	4-5, 13
Golgota	s. Jerusalem		16b
Gomer		E.2	9, 11b
Gomorra	nicht lokalisiert		
Goren-Atad	nicht lokalisiert		
Gortyna	*Choustelliara*	C.2	10
Gosan	*Tell Ḥalaf*	G.2	8-9
Goschen I	*Wādī eṭ-Ṭumēlāt*	840-890.990-030	3
Goschen II	nicht lokalisiert		
Griechenland	Griechenland	B-D.1-2	10, 15
Gur	*Ḥirbet Naǧǧār*	178.205	5
Gur-Baal	nicht lokalisiert		
Habor	*Ḫābūr*		8-9
Hachila	s. Gibea-Hachila		
Hadascha	nicht lokalisiert		
Haderwasser	nicht lokalisiert; s. Meriba		
Hadid	*el-Ḥadīṭe*	145.152	11a, 12-13
Hadoram	nicht lokalisiert		
Hadrach	*Tell Āfīs*	F.2	8-9
Hafarajim	*eṭ-Ṭayyibe?*	192.223	4
Hakeldamach	s. Jerusalem		16b
Halach	nicht lokalisiert		
Halhul	*Ḥalḥūl*	160.109	4, 13
Hali	*Rās ʿAli*	165.242	4
Halikarnaß	*Bodrum*	D.2	10
Ham I	*Ḥām*	226.213	5
Ham II	s. Ägypten		
Hamat I	s. Hamat-Zoba		
Hamat II	*Tell el-Ḥamme*	197.197	2
Hamat-Rabba	s. Hamat-Zoba		
Hamat-Zoba	*Ḥamā*	312.503/ F.2-3	8-10, 11b
	s.a. Lebo-Hamat (Luther: »wo man nach Hamat geht«)		
Hammat	*el-Manāra* bei *Ḥammām*	201.240	4
Hammon I	*Ḥirbet Umm el-ʿAmed*	164.281	4, 12
Hammon II	s. Hammat		
Hammot-Dor	s. Hammat		
Hamona	nicht lokalisiert		
Hananel (Turm)	s. Jerusalem		16b
Hanes	*Hinēs*	E.3	8
Hannaton	*Tell el-Bedēwīye*	174.243	2, 4
Hara	nicht lokalisiert		
Harada	nicht lokalisiert		
Haran	*Ḥarrān*	F.2	8-10
Harar	nicht lokalisiert		
Har-Heres	nicht lokalisiert		
Harkar	*Kerak?*	217.066	2
Harmagedon	*Tell Mutesellim*	167.221	14
	s.a. Megiddo		
Harod I (Quelle)	*ʿĒn Ǧālūd*	184.217	5
Harod II (Ort)	*Nūris?*	184.215	5
Haroschet-Gojim	*Tell el-ʿAmr?*	159.237	5
Haruf	nicht lokalisiert		
Haschmona	nicht lokalisiert		
Hauran	Gebiet des *Ǧebel ed-Drūz*	280-350.250-200	7
Hawila			11b
Hazar-Addar	nicht lokalisiert		
Hazar-Enan	nicht lokalisiert		
Hazar-Gadda	nicht lokalisiert		
Hazarmawet	*Hadramaut*		11b
Hazar-Schual	*Ḥirbet el-Waṭen?*	137.071	4, 11a
Hazar-Susa	nicht lokalisiert		
Hazerot I	nicht lokalisiert		
Hazerot II	*ʿAṣīret eš-Šemālīye*	175.184	6
Hazezon-Tamar	nicht lokalisiert		
Hazor I	*Tell el-Qedaḥ*	203.269	2, 4-7, 13
Hazor II	nicht lokalisiert		
Hazor III	nicht lokalisiert		
Hazor-Hadatta	nicht lokalisiert		
Hebron	*Ǧebel er-Rumēde*	160.103	1, 4-7, 11a
Hefer	*Tell el-Muḥaffar*	170.205	5
Helam	*ʿIlmā?*	267.239	5
Helba	s. Mahaleb		
Helbon	*Ḥalbūn*	265.342/F.3	9
Helech	nicht lokalisiert		
Helef	*Ḥirbet ʿIrbāda?*	189.236	4
Helek		165-175.195-185	4-6
Heliopolis	s. Bet-Schemesch IV		
Helkat	*Tell el-Qassīs*	160.232	2, 4
Helkat-Hazzurim	nicht lokalisiert		
Hena	nicht lokalisiert		
Heres	nicht lokalisiert		
Hermon	*Ǧebel eš-Šēḫ*	225.303	1, 4-6
Herodion I	*Ǧebel Furēdīs*	173.119	13
Herodion II	*el-Ḥabbasa?*	214.138	13
Heschbon	*Tell Ḥisbān*	226.134/F.3	1, 4-10, 11a, 12-13
Heschmon	nicht lokalisiert		
Het		D-F.1-2	8-9, 11b
Hetlon	nicht lokalisiert		
Hezron	*Bīr el-Ḥadīra?*	061.005	4
Hierapolis	*Pambuk Kalessi*	D.2	15
Hierosolyma	s. Jerusalem		
Hinnom (Tal)		171.132-173.131	4, 16a, 16b
Hippos	*Qalʿat el-Ḥiṣn*	212.242	13-14
Hoba	nicht lokalisiert		
Hoddu	Indien		
Holon	nicht lokalisiert		
Hor	*Ǧebel Hārūn*	188.969	1, 3, 5
Horeb	s. Sinai		
Horem	nicht lokalisiert		
Horescha	nicht lokalisiert		
Hor-Gidgad	nicht lokalisiert		
Horma	*Ḥirbet el-Ǧarra?*	148.071	3-5
Horon	s. Bet-Horon		
Horonajim	*ed-Dēr*	215.073	5-7
Hosa	*Tell Rāšīdīye*	170.293	4, 6-7
Hügelland	s. Schefela		
Hukkok	*Ǧebel eš-Šēḫ?*	181.236	4
Hul	nicht lokalisiert		
Hule-See		208-211.273-278	1
Humta	nicht lokalisiert		
Huscha	*Ḥūsān*	162.124	5
Hydaspes	nicht lokalisiert		
Hyrkania	*Ḥirbet el-Mird*	184.125	13
Idumäa		110-185.055-120	11a, 12-14
Ije-Abarim	*Ḥirbet ʿAy*	211.060	3, 5
Ijim	nicht lokalisiert		
Ijon I	*Tell Dibbīn*	205.308	2, 6
Ijon II	*Rās el-ʿĒn?*	236.150	2
Ikonion	*Konya*	E.2	15
Illyrien		B.1	15
Ir-Heres	s. Bet-Schemesch IV		
Ir-Melach	*ʿĒn el-Ġuwēr?*	189.115	4
Ir-Nahasch	nicht lokalisiert		
Irqanat	s. Arqa		
Ir-Schemesch	*Ḥirbet ʿĒn Šems*	148.128	4
Ismaeliter		150-260.800-960	5
Israel		max. 120-260.110-300/E-F.3	5-6, 8
Issachar		180-205.215-237	4
Italien	Italien	A-B.1-2	15
Ituräa		200-240.290-330	14
Jaar	nicht lokalisiert		
Jaar-Heret	nicht lokalisiert		
Jabbok	*Nahr ez-Zerqā*	240.150-203.168	1, 3-5

Biblischer Ortsname	heutiger Ortsname	Koordinaten	Karte
Jabesch-Gilead	*Tell el-Maqlūb*	214.201	5
Jabez	nicht lokalisiert		
Jabne	s. Jabneel		
Jabneel I	*Yebna*	126.141	4
Jabneel II	*Tell Nāʿam*	198.235	4
Jachem	*Ḥirbet Yemmā*	153.197	2
Jafet	s. Efa		
Jafia	*Yāfā*	176.232	4-5, 13
Jafletiter		160-170.140-145	4
Jafo	*Yaffa*	126.162	2, 4, 11a
Jagur	nicht lokalisiert		
Jahaz	*Ḥirbet er-Rumēl*	233.109	3-7
Jahwe-Jire	nicht lokalisiert		
Jamnia	*Yebna*	126.141	12-13
Janoach I	*Ḥirbet Yānūn*	184.173	4
Janoach II	*Givʿat ha-Šoqet*	203.293	6
Janum	nicht lokalisiert		
Jarmuk	*Nahr el-Yarmūk*	203.227-239.238	1
Jarmut I	*Ḥirbet Yarmūk*	147.124	4-5, 11a
Jarmut II	*ʿĒn el-Ǧirāni*	199.221	4
Jarmut III (Berg)	*Belvoir/Kōkab el-Ḥawā*	199.221	2
Jarut	*Yārūt*	218.078	2
Jaschub	*Yāsūf*	172.168	6
Jaser	*Ḥirbet eṣ-Ṣār*	228.150	4-7, 11a, 13
Jaser-Gilead	s. Jaser		
Jasit	*Yāṣīd*	176.189	6
Jasuf	*Tell es-Subāt?*	158.246	2
Jattir	*Ḥirbet ʿAttīr*	151.084	4-5
Jawan		D.2	8-9, 11b
		C.2	10
Jearim	nicht lokalisiert		
Jebus	s. Jerusalem		
Jegar-Sahaduta	nicht lokalisiert		
Jehud	*el-Yehūdīye*	139.159	4
Jekeb-Seeb	nicht lokalisiert		
Jenoam	*Tell Nāʿam*	198.235	2
Jerach	nicht lokalisiert		
Jerachmeeliter		120-160.070-090	5
Jericho	AT: *Tell es-Sulṭān*	192.142	1, 3-7, 11a, 12
	NT: *Tulūl Abū l-ʿAlāyik*	191.139	12-14
Jeruel	nicht lokalisiert		
Jerusalem	*el-Quds*	172.131/F.3	1-10, 11a, 12-16
Jeschana	*Burǧ el-Isāne*	174.156	11a, 13
Jeschimon	nicht lokalisiert		
Jeschua	nicht lokalisiert		
Jesreel I	*Zerʿīn*	181.218/F.3	4-6, 8, 12
Jesreel II	nicht lokalisiert		
Jesreelebene		160-190.210-235	1, 12
Jibleam	*Ḥirbet Belʿame*	177.205	2, 4-6
Jidala	nicht lokalisiert		
Jiftach	nicht lokalisiert		
Jiftach-El	nicht lokalisiert		
Tal von Jiftach-El	*Wādi el-Mālik*	163.242-171.240	4
Jiron	*Yārūn*	189.276	4
Jirpeel	nicht lokalisiert		
Jitla	nicht lokalisiert		
Jitnan	nicht lokalisiert		
Jobab	nicht lokalisiert		
Jogboha	*Ruǧm al-Ǧubēha*	231.159	5
Jokdeam	nicht lokalisiert		
Jokmeam	s. Kibzajim		
Jokneam	*Tell Qēmūn*	160.229	2, 4-5
Jokteel I	nicht lokalisiert		
Jokteel II	s. Sela		
Joppe	*Yaffa*	126.162/E.3	12-14, 15
	s.a. Jafo		
Jorda	*Ḥirbet ʿIrq?*	108.086	13
Jordan	*Urdunn*	212.294-204.131/F.3	1-7, 11a, 12-14
Jotapata	*Ḥirbet Ǧifāt*	176.248	13
Jotba	nicht lokalisiert		
Jotbata	nicht lokalisiert		
Juda		max. 120-203.065-160 E-F.3	1, 4-10, 11a
Judäa (Provinz)		140-203.105-160	12-14
Julias I	*Tell er-Rāme*	211.137	13
	s.a. Bet-Haram		
Julias II	*et-Tell*	209.257	13-14
	s.a. Betsaida		
Jutta	*Yaṭṭa*	158.095	4
Kabbon	nicht lokalisiert		
Kabul I (Ort)	*Kābūl*	170.252	4-5, 13
Kabul II (Landschaft)		155-170.240-270	5
Kabzeel	nicht lokalisiert		
Kadesch	s. Kadesch-Barnea		
Kadesch (am Orontes)	*Tell Nebī Mend*	F.3	8
Kadesch-Barnea	*ʿĒn el-Qudērāt*	096.006	1, 3-5
Kafaiora	*Ḥirbet Umm Burǧ?*	147.115	13
Kafarabis	*Tarqūmīya?*	151.109	13
Kafarnaum	s. Kapernaum		
Kafarsaba	*Ḥirbet Ṣābīya*	141.177	13
Kafar Salama	*Ḥirbet ʿĪd?*	167.140	12-13
Kafartoba	*eṭ-Ṭayyibe?*	153.107	13
Kafnata	s. Jerusalem		16b
Kaftor	Kreta		11b
	s.a. Kreta		
Kain	s. Keniter		
Kajin	*Ḥirbet Yaqīn?*	165.100	4
Kalliroe	*ʿAin ez-Zāra*	203.111	13
Kalne	*Tell Taginat?*	F.2	8
Kamon	*Ḥirbet Umm el-Ǧizlān*	216.222	5
Kana I	*Qānā*	178.290	2, 4
Kana II	*Ḥirbet Qānā*	178.247	13-14
Kana (Fluṣ)	*Wādi Qānā*	174.172-139.170	1, 4
Kanaan		100-240.100-350	2, 11b
Kanne	nicht lokalisiert		
Kapernaum	*Tell Ḥūm*	204.254	13-14
Kappadozien		E-F.2	15
(Karatepe)	*Karatepe*	F.2	8
Karien		D.2	10
Karka	nicht lokalisiert		
Karkemisch	*Ǧerāblūs*	F.2	8-9
Karkor	nicht lokalisiert		
Karmel (Gebirge)	*Ǧebel Karmel*	146.248-170.210	1, 4-7, 12-13
Karmel (Ort)	*el-Kirmil*	162.092	4-5
Karnajim	*Šēḫ Saʿad*	247.249	5-6, 12-13
Karnajim (Provinz)		205-280.215-278	6-7
Karnak	s. No-Amon		
Karta	nicht lokalisiert		
Kartan	nicht lokalisiert		
Kasifja	nicht lokalisiert		
Kasluhiter	nicht lokalisiert		
Kaspin	nicht lokalisiert		
Kattat	nicht lokalisiert		
Kauda	*Gavdos*	C.3	15
Kebar	*Šaṭṭ en-Nīl*		9
Kedar		F.4	8-10
Kedemot	*es-Sālīya*	237.095	4-5
Kedesch I	*Tell Qedes*	199.279	4-5, 12-13
Kedesch II	s. Kadesch-Barnea		
Kefar-Ammoni	nicht lokalisiert		
Kefira	*Ḥirbet Kefīre*	160.137	4-5, 11a
Kefirim	nicht lokalisiert		
Kegila	s. Keila		
Kehelata	nicht lokalisiert		
Keila	*Tell Qīla*	150.113	2, 4-5, 11a
Kelach	*Kalḫū*	G.2	8-9, 11b
Kenasiter			4-5
Kenat	*Qanawāt?*	302.241	2, 5, 13
Kenchreä	*Kechriaes*	C.2	15
Keniter		150-185.060-080	4-5
Keramim	s. Abel-Keramim		
Kerem	s. Bet-Kerem		
Kerijot	*Ḥirbet Qurēyāt ʿAlēyān*	233.104	6-7
Kerijot-Hezron	*Ḥirbet el-Qaryatēn*	161.083	4
Kerit (Bach)	s. Krit		
Kerub-Addon	nicht lokalisiert		
Kesalon	*Keslā*	154.132	4
Kesib	s. Achsib I		

Biblischer Ortsname	heutiger Ortsname	Koordinaten	Karte
Kesil	nicht lokalisiert		
Kesullot	nicht lokalisiert		
Kibrot-Taawa	nicht lokalisiert		
Kibzajim	*Tell el-Mazār*	196.171	4
Kidron (Ort)	*Qaṭra*	129.136	12
Kidron (Bach)	s. Jerusalem		16a, 16b
Kilmad	s. Medien		
Kina	*Ḥirbet Ġazze*	165.068	4
Kinneret	*Tell el-ʿOrēme*	200.252	2, 4-6
See Kinneret	*Baḥret Ṭabarīye*	199-213.235-255	4-5
	s.a. See Gennesaret		
Kir I	nicht lokalisiert		
Kir II	*el-Kerak*	217.066	6
Kir-Heres	s. Kir II		
Kir-Moab	s. Kir II		
Kirjatajim I	*Ḥirbet el-Qurēyāt*	215.124	4-7
Kirjatajim II	s. Kartan		
Kirjat-Arba	s. Hebron		
Kirjat-Baal	nicht lokalisiert		
Kirjat-Huzot	nicht lokalisiert		
Kirjat-Jearim	*Dēr el-Azhar*	159.135	4-5, 7, 11a
Kirjaton	s. Kirjatajim I		
Kirjat-Sanna	s. Debir		
Kirjat-Sefer	s. Debir		
Kischjon	nicht lokalisiert		
Kischon	*Nahr el-Muqaṭṭaʿ*	168.227-153.247	1, 5-6
Kislot-Tabor	*Iksāl?*	180.232	4, 13
Kition	*Larnaka*	E.3	8-10, 11b
Kitlisch	nicht lokalisiert		
Kitron	nicht lokalisiert		
Kittäer	s. Kition		
Knidos	*Knidos*	D.2	10, 15
Koa	nicht lokalisiert		
Koe	s. Que		
Kola	nicht lokalisiert		
Kolossä	*Honaz*	D.2	15
Kommagene		F.2	15
Kona	nicht lokalisiert		
Königsweg		145-275.985-325	1
Koraia	*Tell el-Mazār*	195.171	13
Korinth	*Korinthos*	C.2	15
Kos	*Kos*	D.2	10, 15
Koseba	nicht lokalisiert		
Kreta	*Kreta*	C-D.2-3	10, 15
	s.a. Kaftor		
Krit(h) (Bach)	nicht lokalisiert		
Kub	nicht lokalisiert		
Kulon	nicht lokalisiert		
Kumidi	*Kāmid el-Lōz*	227.337	2
Kun	*Rās Baʿalbek?*	280.413/F.3	10
Kur	*Kūr*	159.182	6
Kusch		C.6	10, 11b
Kuschan	nicht lokalisiert		
Kuta	*Tell Ibrahīm?*	G.3	8
Kyamon	*Tell Qēmūn?*	160.229	13
	s.a. Jokneam		
Kydissos	s. Kedesch III		
Kypros	*ʿAqabat Ġabr*	190.139	13
Laban	nicht lokalisiert		
Lachisch	*Tell ed-Duwēr*	135.108/E.3	1-2, 4-9, 11a
Lachmas	*Ḥirbet el-Lahm?*	140.108	4
Lajescha	nicht lokalisiert		
Lajisch	*Tell el-Qāḍī*	211.294	2, 4
	s.a. Dan		
Lakkum	*Ḥirbet Manṣūra*	202.233	4
Laodizea	*Eski-Nissar*	D.2	15
Larsa	*Senkere*	H.3	10
Lasäa	*Kali Limines*	C.3	15
Lazedämonien	s. Sparta		
Lebo-Hamat	*el-Lebwe*	277.397/F.3	8, 9
Lebona	*Ḥirbet Ṣūr*	173.164	5
Lehabiter	nicht lokalisiert		
Lehi	nicht lokalisiert		
Lesbos	*Lesbos*	D.2	15

Biblischer Ortsname	heutiger Ortsname	Koordinaten	Karte
Lescha	nicht lokalisiert		
Leschem	s. Dan		
Letuschiter	nicht lokalisiert		
Leummiter	nicht lokalisiert		
Libanon (Gebirge)		195-220.310-325	4-6
Libba	*Ḥirbet Libb*	222.112	13
Libna I	s. Laban		
Libna II	*Tell Ǧudēde*	141.115	4-7
Libyen		C.3	9-10, 15
Litani	Nahr el-Līṭānī	173-230.300-350	1-2, 4-9, 12-15
Lobetal	*Ḥirbet Burēkūt?*	163.116	11a
Lod	*el-Ludd*	140.151	2, 11a
Lo-Dabar	nicht lokalisiert		
Lud I	nicht lokalisiert		
Lud II	nicht lokalisiert		
Luhit	*Kaṭrabbā*	209.060	6-7
Lus	*Bētīn*	172.148	2, 4-5
	s. Bet-El		
Lydda	*el-Ludd*	140.151/E.3	12-14, 15
	s.a. Lod		
Lydien		D-E.1-2	9-10
Lykaonien		E.2	15
Lystra	*Zoldera*	E.2	15
Lyzien		D-E.2	10, 15
Maacha		195-230.260-300	4-5, 7
Maarat	nicht lokalisiert		
Machärus	*Ḥirbet el-Mukāwir*	210.108	13
Machir		205-250.170-190	5
Machpela	s. Hebron		
Machtesch (»Mörser«)	s. Jerusalem		16a
Madai	s. Medien		
Madmanna	*Ḥirbet Tātrīṭ*	143.084	4
Madmen	s. Dimon		
Madmena	nicht lokalisiert		
Madon	nicht lokalisiert		
Magadan	s. Magdala		
Magdala	*Ḥirbet el-Meǧdel*	199.247	14
Magog		F.1	9, 11b
Mahaleb	*Maḥālib*	174.303	4-7
Mahanajim	*Tulūl ed-Dahab*	215.177	4-5
Makaz	nicht lokalisiert		
Maked	nicht lokalisiert		
Makhelot	nicht lokalisiert		
Makkeda	*Ḥirbet el-Kōm*	146.104	4-5
Malatha	*Tell el-Milḥ*	152.069	13
	s.a. Molada		
Mallus	*Karatāṣ*		10
Malta	*Malta*	A.2	15
Mamre I	s. Hebron		
Mamre II	*Rāmat el-Ḥalīl*	160.107	13
Manahat	nicht lokalisiert		
Manasse		129-270.145-255	4
Manocho	*el-Māliha?*	167.128	4
Maon	*Tell Maʿīn*	163.090	4-6
Maqraput	*Ǧeraš?*	234.187	2
	s.a. Gerasa		
Mara	*ʿĒn Ḥawwāra?*	949.864	3
Marala	*Tell el-Bēḍā?*	169.231	4
Marescha	*Tell Sandaḥanne*	140.111	4, 6-7, 11a, 12-13
Mari	*Tell Harīrī*	G.3	8
Marot	nicht lokalisiert		
Masada	*es-Sabba*	183.080	13
Masch	nicht lokalisiert		
Masreka	nicht lokalisiert		
Massa I		F.4	8
Massa II	nicht lokalisiert		
Mattana	*Ḥirbet el-Mudēyine*	236.110	3
Mazedonien		C.1	15
Mea	s. Jerusalem		16a
Meara	nicht lokalisiert		
Mechona	nicht lokalisiert		
Medeba	*Mādeba*	225.124	4-6, 12-13
Medien		H-I.2-3	8-10, 11b

Biblischer Ortsname	heutiger Ortsname	Koordinaten	Karte
Mefaat	*Umm er-Raṣāṣ*	237.101	4
Megiddo	*Tell el-Mutesellim*	167.221/F.3	1-2, 4-10
Mehola	s. Abel-Mehola		
Me-Jarkon	*Tell Qasīle?*	131.168	4
Memfis	*Mītrahīne*	785.932/E.3	3, 8-10
Me-Neftoach	*ʿĒn Liftā*	168.133	4
Meratajim		H.3	10
Meriba	nicht lokalisiert		
Meribat-Kadesch	nicht lokalisiert		
Merom	nicht lokalisiert		
Meronot	nicht lokalisiert		
Meros	nicht lokalisiert		
Meroth	*Mērōn*	191.265	13
Me-Sahab	nicht lokalisiert		
Mesalot	nicht lokalisiert		
Mescha	nicht lokalisiert		
Meschech		D-E.2	9-10, 11b
Mesopotamien		F-G.2-3	8-10
Meuniter	nicht lokalisiert		
Mibzar	nicht lokalisiert		
Michmas	*Muḫmās*	176.142	5-6, 11a, 12-13
Michmetat	*Ǧebel el-Kebīr?*	184.182	4
Middin	nicht lokalisiert		
Midian		F.4	3, 8-10
Migdal	*Tell eḏ-Ḏurūr?*	147.203	2
Migdal-Eder	nicht lokalisiert		
Migdal-El	*Ḫirbet el-Meǧdel*	198.247	4
Migdal-Gad	*Ḫirbet el-Meǧdele*	140.105	4
Migdol	*Tell el-Ḥēr*	913.047/E.3	3, 9
Migron	*Tell el-ʿAskar*		5-6
Milet	*Balat*	D.2	15
Millo	s. Jerusalem		16a
Minni		H.2	9
Minnit	*Umm el-Ḥanāfiš*	232.136	5, 7
Misar	s. Hermon		
Mischal	*Tell Bīr el-Ġarbī?*	166.256	2, 4
Misrefot-Majim	nicht lokalisiert		
Mitanni		F-G.2	8
Mitka	nicht lokalisiert		
Mitniter	nicht lokalisiert		
Mittelmeer		A-F.1-3	1-15
Mitylene	*Mitilini*	D.2	15
Mizpa I	*Tell en-Naṣbe*	170.143	4-7, 11a, 12
Mizpa II	nicht lokalisiert		
Mizpa III	nicht lokalisiert		
Mizpe-Gilead	*er-Rāšūnī*	222.171	4-5
Mizpe-Moab	nicht lokalisiert		
Mizrajim	s. Ägypten		
Moab		max. 190-250.030-140/F.3	1, 3-9, 11a
Moab (Staat)		190-250.030-140	6
Mochmur	nicht lokalisiert		
Modein	*Rās Mīdye*	150.148	12-13
Mof	s. Memfis		
Molada	*Tell el-Milḥ?*	152.069	4-5, 11a
Mons Cassius	*Rās el-Kasrūn*	966.071	3
	s.a. Baal-Zefon		
More I	nicht lokalisiert		
More II	*Ǧebel ed-Daḥi?*	183.225	5
Moreschet-Gat	*Tell Birnāṭ?*	138.115	6-7
Morija	nicht lokalisiert		
Moser	s. Moserot		
Moserot	nicht lokalisiert		
Moza	*Ḫirbet Bēt Mizza*	165.135	4-5, 11a
Muchazi	*Tell es-Sulṭān*	125.147	2
Myndos	*Gümuşlük*	D.2	10
Myra	*Kale*	E.2	15
Mysien		E.2	15
Naama	nicht lokalisiert		
Naara	——?	189.147	4, 13
Nabatäa		200-280.050-330	12-14
Nadabat	nicht lokalisiert		
Naftali		173-211.234-296	4
Naftuhiter	nicht lokalisiert		
Nahalal	*Maʿlūl?*	172.234	4-5

Biblischer Ortsname	heutiger Ortsname	Koordinaten	Karte
Nahale-Gaasch	nicht lokalisiert		
Nahal-Eschkol	nicht lokalisiert		
Nahaliel	nicht lokalisiert		
Nahalol	s. Nahalal		
Nahor	nicht lokalisiert		
Nain	*Nēn*	183.226	14
Nazaret	*en-Nāṣira*	178.234	14
Naziba?	*Naṣīb*	261.216	2
Nea	*Tell el-Buṭme?*	178.247	4
Neapolis I	*Nāblus*	175.181	13
Neapolis II	*Eski Kavala*	C.1	15
Neballat	*Bēt Nebālā*	146.154	11a
Nebo (Berg)	*Rās Siyāġa*	218.131	1, 3-5
Nebo (Ort)	*Ḫirbet el-Muḥayyaṭ*	220.128	5-7
Nebo II (Ort)	nicht lokalisiert		
Neftai	nicht lokalisiert		
Neftar	nicht lokalisiert		
Neftoach	s. Me-Neftoach		
Negeb		120-170.040-100	1-2, 4-7, 11a, 12
Negiel	s. Nea		
Nehelamiter	nicht lokalisiert		
Netaim	nicht lokalisiert		
Netofa	*Ḫirbet Bedd Fālūh*	171.119	5, 7, 11a
Nezib	*Ḫirbet Bēt Neṣīb*	151.110	4
Nibschan	nicht lokalisiert		
Nikopolis	*Michalitsion*	C.2	15
Nil	*Nil*	E.3-4	8-10, 15
Nimra	s. Bet-Nimra		
Nimrim	s. Wasser von Nimrim		
Ninive	*Kuyunǧik*	G.2	9-10, 11b
Nippur	*Niffer*	H.3	9-10
No	s. No-Amon		
No-Amon	*Theben*	E.4	8-9
Nob	*Rās eṭ-Ṭamīm*	174.133	5-6, 11a
Nobach I	nicht lokalisiert		
Nobach II	*Tell Safūṭ?*	229.160	5
Nod	nicht lokalisiert		
Nof	s. Memphis		
Nofach	nicht lokalisiert		
Nurpi	*er-Rāfe*	259.250	2
	s.a. Rafon		
Obal	nicht lokalisiert		
Obot	*ʿAin Ḥuṣb*	173.023	3, 5
Ofel	s. Jerusalem		16a
Ofir	nicht lokalisiert		
Ofni	nicht lokalisiert		
Ofra I	*eṭ-Ṭayyibe*	178.151	4-5
Ofra II	*Tell Ṣōfar*	173.181	5
Okina	s. Akko		
Ölberg	s. Jerusalem		16a, 16b
On	s. Bet-Schemesch IV		
Ono	*Kafr ʿĀna*	137.159	2, 11a
Orontes	*Nahr el-ʿĀṣi*	F.2-3	8-10
Ortosia	*Artūsiya*	F.3	10
Pagu	nicht lokalisiert		
Pamphylien		E.2	
Paneas		200-230.290-310	14
Paphos	*Paphos*	E.3	15
Para	*Ḫirbet ʿĒn Fāra*	179.137	4
Paran I		980-050.760-840	3, 5-6
Paran II		060-160.840-920	3
Parpar	*Nahr el-ʿAwaǧ*	226-285.297-309	6
Parthien		J-K.2-3	10
Parwajim	nicht lokalisiert		
Pas-Dammim	nicht lokalisiert		
Patara	*Gelemiş*	D.2	15
Patmos	*Patmos*	D.2	15
Patros		E.4	9, 11b
Pegai	*Rās el-ʿĒn*	143.168	12
	s.a. Afek I		
Pegor	*Ḫirbet Fāġūr*	163.119	4-5
Pekod		H.3	9
Pella	*Ṭabaqāt Faḥil*	207.206	2, 13-14

Biblischer Ortsname	heutiger Ortsname	Koordinaten	Karte
Peor	s. Bet-Pegor		
	s. Pegor		
Peräa		199-228.096-201	13-14
Perazim	s. Baal-Perazim		
Perez-Usa	nicht lokalisiert		
Pergamon	*Bergama*	D.2	15
Perge	*Perge*	E.2	15
Persepolis	*Taḫt i-Yamšid*	J.4	10
Persien		J-K.3-4	10
Petor	*Tell Aḥmar?*	F.2	8
Petra	*Wādī Mūsā*	192.971	1, 3, 13
Phasaelis	*Ḫirbet Faṣāʾil*	191.159	13
Phaselis	*Tekir Ova*	E.2	10
Phiale (See)	*Birket er-Rām*	221.292	13
Philadelphia I	*Alaşehir*	D.2	15
Philadelphia II	*ʿAmmān*	238.151	13-14
	s.a. Rabba(t-Bene-Ammon)		
Philippi	*Filibe Djik*	C.1	15
Philistäa		060.050-150.170	12
Philister		060.050-150.170	1, 4-7
Philoteria	s. Sennabris		
Phönix	*Porto Loutro*	C.2	15
Phönizien		165-205.282-332/F.3	5, 6, 8-9, 15
Phrygien		E.2	10, 15
Pi-Beset	*Tell Basṭa*	820.996/E.3	3, 10
Pi-Hahirot	*Tell Maḥmadīye*	928.055	3
(*Piḫilum*)	s. Pella		10, 15
Piraton	*Ferʿata*	165.177	5, 9, 12
Pischon	s. Nil		
Pisga	s. Nebo		
Pisidien		E.2	15
Pitom	*Tell er-Raṭābe*	864.995	3
	s.a. Sukkot II		
Pnuel	*Tell el-Ḥamme Ost*	211.178	5-6
Pontus		D-E.1	15
Ptolemais	*Tell el-Fuḫḫār*	158.258/F.3	12-15
	s.a. Akko		
Punon	*Fēnān*	197.004	3, 5
Put		C.3-4	10, 11b
Puteoli	*Pozzuoli*	A.1	15
Qanu	s. Kenat		
Qarqar	*Ḫirbet Qerqūr*	F.2	8
Qatna	*el-Mišrefe*	F.3	8
Qiltu	s. Keila		
Que		F.2	8
Rabba	*Ḫirbet Bīr el-Ḥilū?*	149.137	2, 4
Rabba(t-Bene-Ammon)	*ʿAmmān*	238.151/F.3	1, 4-10, 11a, 12
Rabbit	nicht lokalisiert		
Rafia	*Rafāh*	078.079	2, 7, 13
Rafon	*Šēḫ Meskīn?*	258.248	12-14
	bei *er-Rāfe*	259.250	
	s.a. Nurpi		
Ragaba	*Tell er-Murabba*	216.183	13
Ragau	s. Rages		
Rages	*Rai*	J.2	10
Ragma	nicht lokalisiert		
Rakkat	*Ḫirbet el-Qunēṭire*	199.245	4
Rakkon	s. Me-Jarkon		
Rama I	*Ḫirbet Raddāna*	169.146	4-7, 11a
(Höhe v.) Rama I	*Rās eṭ-Ṭāhūne*	170.146	5
Rama II	*Ḫirbet Zētūn er-Rāme*	187.259	4
Rama III	*Ramīye?*	179.279	4
Rama IV	*Ḫirbet Umm Redīm?*	165.066	4-5
Rama V	*er-Rām*	172.140	4-6
Rama VI	s. Ramot		
Ramatajim I	s. Rama I		
Ramatajim II	*Rentis?*	152.159	13
Ramatajim-Zofim	*Ḫirbet Raddāna*	169.146	12
	s. Rama I		
Ramat-Lehi	s. Lehi		
Ramat-Mizpe	s. Mizpe-Gilead		
Ramat-Negeb	s. Rama IV		
Ramot I	s. Ramot-Gilead		
Ramot II	s. Jarmut II		
Ramot-Gilead	*Tell er-Ramṭe*	245.218	4-6
Ramses	*Tell ed-Dabʾa*	860.035	3
Refaim (Ebene)		167.128-169.129	4-6
Refidim	nicht lokalisiert		
Rehob I		205-220.310-325	5
Rehob II	*Qalāʿ er-Raḥīb?*	180.275	2, 4-5
Rehob III	*Tell eṣ-Ṣārim?*	197.207	2
Rehobot	*Ḫirbet Abū Ǧuḥēdim?*	124.076	5
Rehobot-Ir	s. Ninive		
Rehobot-Nahar	*Rās er-Riḥāb*	208.038	5
Rekem	nicht lokalisiert		
Remet	s. Jarmut		
Resen	nicht lokalisiert		
Rezef	*Reṣāfe*	F.2	8
Rhegion	*Reggio di Calabria*	B.2	15
Rhodos	*Rhodos*	D.2	10, 15, 11b
Ribla	*Rible*	F.3	9
Rifat	nicht lokalisiert		
Rimmon I	s. En-Rimmon		
Rimmon II	*Ḫirbet er-Rūme* bei *Rummāne*	177.243	4
Rimmon III	*er-Rammūn*	178.148	5
Rimmon-Perez	nicht lokalisiert		
Rinokorura	*el-ʿArīš*	035.060	13
Rissa	nicht lokalisiert		
Ritma	nicht lokalisiert		
Rodaniter	s. Rhodos		
Rogel-Quelle	*Bīr ʿEyyūb*	172.130	4-5
Roglim	*Zahrat Šōqaʿa?*	223.215	5
Rom	*Roma*	A.1	10, 15
Roma	*Ḫirbet er-Rūme*	177.243	13
Rosch	nicht lokalisiert		
Roṣtor	s. Jerusalem		16a
Rotes Meer	Golf von Suez und von Akaba	E-F.4	3, 10
Ruben		203-250.077-144	4
Rubute	s. Rabba		2
Ruma	s. Aruma		
Saab	*Šaʿāb*	173.255	13
Saba		(H.6)	10, 11b
Sabadäer		F.3	9
Sabta			11b
Sabtecha	nicht lokalisiert		
Safed	*Ṣafed*	196.263	12-13
Saffo	*Ṣaffa?*	155.146	13
Salamis	*Salamis*	E.2	15
Salcha	*Ṣalḫad?*	311.212	4-5
Salem	s. Jerusalem		
Salim	*Tell Šēḫ Salīm*	199.199	14
Sallis	*Ḫirbet Šalḫa?*	132.113	13
Salmone	*Kap Sidero*	D.2	15
Salzmeer	*Baḥr Lūṭ*	184-205.132-053/F.3	1, 4-7, 11a, 12-14
Salzstadt	s. Ir-Melach		
Salztal		145-200.885-050	1, 5-6
Samaria (Stadt)	*Sebasṭiye*	168.187/F.3	6-9, 12-14
Samaria (Provinz)		128-205.143-205	6, 7, 11a
Samarien (Landschaft)		135-200.143-210	1, 12-14
Samos	*Samos*	D.2	10, 15
Samothrake	*Samothraki*	D.1	15
Sampsame	nicht lokalisiert		
Sanoach I	*Ḫirbet Zānūʿ*	150.125	4, 11a
Sanoach II	nicht lokalisiert		
Sansanna	*Ḫirbet eš-Šamsāniyāt*	140.083	4
Sardes	*Sart*	D.2	15
Sarepta	*Ṣarafand*	178.319/F.3	6-7, 15
Sarid	*Tell Šadūd*	172.229	4
Schaalbim	*Selbīṭ*	148.141	4-5
Schaalim	nicht lokalisiert		
Schaarajim	nicht lokalisiert		
Schadud	s. Sarid		
Schafir	nicht lokalisiert		
Schahazajim	nicht lokalisiert		
Schalischa		150-160.140-170	5
Schallechet	nicht lokalisiert		

Biblischer Ortsname	heutiger Ortsname	Koordinaten	Karte
Schamir I	nicht lokalisiert		
Schamir II	nicht lokalisiert		
Scharon		130-153.168-240/E-F.3	1-2, 6, 15
Scharuhen	*Tell el-ʿAǧǧūl*	093.097	2, 4
Schasu		240-280.050-350	2
Schawe	nicht lokalisiert		
Schebarim	nicht lokalisiert		
Schefam	nicht lokalisiert		
Schefela		120-150.100-160	1, 4-7, 11a
Schefer	nicht lokalisiert		
Schelef	nicht lokalisiert		
Schema	nicht lokalisiert		
Schemida		150-170.180-195	4-6
Schemesch-Adam	*Ḥirbet Madyan*	193.245	2
	s.a. Adama		
Scheschach	s. Babel		
Schihor		800-920.970-050/E.3	8
Schihor-Libnat		159.247-161.243	4
Schikkaron	*Tell el-Fūl?*	132.136	4
Schilfmeer I	Golf von Aqaba und Suez		3
Schilfmeer II	Bitterseen	895-920.950-980	3
Schilfmeer III	Sirbonischer See	925-020.045-065	3
Schilhim	s. Scharuhen		
Schilo	*Ḥirbet Sēlūn*	177.162	4-5, 7
Schiloach	s. Jerusalem		16a, 16b
Schimron	*Ḥirbet Sammūniye*	170.234	2, 4-5
Schimron-Meron	s. Schimron		
Schinar	s. Babel		11b
Schion	*Sīrīn*	197.228	4
Schiron	s. Schion		
Schittim	s. Abel-Schittim		
Schoa	s. Sutäer		
Schoresch	nicht lokalisiert		
Schual	nicht lokalisiert		
Schunem	*Sōlem*	181.223	2, 4-6
Schur		940-020.940-000/E.3	8
Schutu	s. Sutäer		
Seba		C.6	10, 11b
Sebulon		162-190.228-247	4
Sechacha	nicht lokalisiert		
Sechu	nicht lokalisiert		
Seevölker		130-160.170-145	5
Sefar	nicht lokalisiert		
Sefarad	*Sart*	(D.2)	9
	s.a. Sardes		
Sefarwajim	nicht lokalisiert		
Sefer	*Saffārīn*	160.185	6
Seir		180-240.970-045	1-2, 5-7
Seir	nicht lokalisiert		
Seira	nicht lokalisiert		
Sela	*es-Silʿ*	205.021	6
Sela-Machlekot	nicht lokalisiert		
Selame	*Ḥirbet es-Sallāma*	185.254	13
Seleuzia I		G.3	10
Seleuzia II	*el-Qābūsīye*	E.2	15
Seleuzia III	*es-Suwēdīye*	F.2	15
Seleuzia IV	*Selūqīye?*	222.267	13
Senir	s. Hermon		
Sennabris	*Ḥirbet Kerak*	204.235	13
Senne	im *Wādī eṣ-Ṣuwēnīṭ*	175.141	5
Sepph	s. Safed		
Sepphoris	*Saffūriye*	176.239	13
(*Serābīṭ el-Ḥādim*)	*Serābīṭ el-Ḥādim*	999.829	3
Sered	*Wādī el-Ḥesā*	240.030-200.047	1, 3
Sibma	nicht lokalisiert		
Sibrajim	nicht lokalisiert		
Sichem	*Tell Balāṭa*	176.179	1-2, 4-7, 12-13
Siddim (Tal)		180-200.050	5
Side		E.2	10
Sidon	*Ṣēdā*	184.329/F.3	1-2, 4-10, 11b, 12, 14-15
Sif I	nicht lokalisiert		
Sif II	*Tell Zīf*	162.098	4-5, 7

Biblischer Ortsname	heutiger Ortsname	Koordinaten	Karte
Sif (Wüste)		150-180.080-100	5
Sifmot	nicht lokalisiert		
Sifron	nicht lokalisiert		
Sikyon		C.2	10
Silla	nicht lokalisiert		
Silo	s. Schilo		
Simeon		060-190.000-100	4
Simonias	*Ḥirbet Sammūniye*	170.234	13
Sin I	*Tell er-Faramā*	915.054/E.3	3, 10
Sin II (Wüste)		920-960.000-040	3
Sin III (Siniter)	nicht lokalisiert		
Sinai	nicht lokalisiert		
Sinim	s. Syene		
Siniter	nicht lokalisiert		
Sion	s. Hermon		
Sippar	*Abū Ḥabba*	G.3	10
Sirjon	s. Hermon		
Sitna	nicht lokalisiert		
Skopos	*Rās el-Mušārif*	173.133	13
Skorpionensteig	*Naqb eṣ-Ṣafā*	161.035	3-5
Skythen		F-H.1	10
Skythopolis	*Tell el-Ḥuṣn*	197.212/F.3	12-15
	s. a. Bet-Schean		
Smyrna	*Izmir*	D.2	15
Socho I	*Ḥirbet ʿAbbād*	147.121	4-5, 7
Socho II	*Ḥirbet eš-Šuwēke*	150.090	2, 4
Socho III	*Šuwēket er-Rās*	153.194	2, 5
Sodom	nicht lokalisiert		
Sogane I	*Saḥnīn*	177.252	13
Sogane II	*el-Yehūdīye?*	216.260	13
Sohelet	nicht lokalisiert		
Sonnenquelle	s. En-Schemesch		
Sorek		123-172.128-150	1, 5
Sores	nicht lokalisiert		
Spanien	*Spanien*		10
Sparta	*Sparti*	C.2	10, 15
Stratonos Pyrgos	*Qaiṣarīye*	140.212	12
Sud	nicht lokalisiert		
Südland	s. Negeb		
Suf	nicht lokalisiert		
Sufa	nicht lokalisiert		
Sukkot I	*Tell Dēr ʿAllā*	208.178	4-5
Sukkot II	*Tell el-Mashuta*	876.994	3
	s.a. Pitom		
Sumur	*Tell Kazel*	F.3	8
Sur I	s. Rosstor/Jerusalem		16a
Sur II	nicht lokalisiert		
Susa	*Šūš*	H.3	10
Sutäer		F.3	2, 9
Sychar	*ʿAskar*	177.181	14
Syene	*Assuan*	E.5	10
Sykaminos	*Tell es-Samak*	146.247	13
Syrakus	*Siracusa*	B.2	15
Syrien		F.3	10, 15
Syrophönizien		F.3	15
Syrte, große	*Ḥaliǧ as-Surt*	B.3	15
Taanach	*Taʿanek*	171.214	2, 4-5
Taanat-Schilo	*Ḥirbet Tānā eṭ-Taḥtā*	187.173	4
Tabbat	*Tell Abū Ḥabīl?*	204.197	5
Tabera	nicht lokalisiert		
Tabor I	*Ǧebel eṭ-Ṭōr*	187.232	1, 4-7, 13
Tabor II (Eiche)	nicht lokalisiert		
Tachpanhes	*Tell el-Defenna*	884.042/E.3	3, 9
Tachtim-Hodschi	nicht lokalisiert		
Tadmor	*Palmyra*	F.3	10
Tahat	nicht lokalisiert		
Tamar	*Ain ʿArūs?*	183.043	5, 7
Tanis	s. Zoan		
Tappuach I	*Tell Šēḫ Abū Zarad*	172.167	4-5
Tappuach II	nicht lokalisiert		
Tarach	nicht lokalisiert		
Tarala	nicht lokalisiert		
Tarichäa	*Meǧdel*	198.247	13
Tarschisch	*Tartessos*		11b
Tarsus	*Tarsus*	F.2	10, 15

Biblischer Ortsname	heutiger Ortsname	Koordinaten	Karte
Tatam	nicht lokalisiert		
Tebach	*Tell Dēr Zinū*		8
Tebez	*Ṭūbās*	185.192	5
Tefon	nicht lokalisiert		
Tekoa	*Ḫirbet Teqūᶜ*	170.115	4-7, 11a, 12-13
Tel-Abib	nicht lokalisiert		
Telaim	nicht lokalisiert		
Telam	nicht lokalisiert		
Telassar	nicht lokalisiert		
Telem	nicht lokalisiert		
Tel-Harscha	nicht lokalisiert		
Tel-Melach	nicht lokalisiert		
Tema	*Taymāʾ*	F.4	8-10
Teman		170-200.930-970	1, 5-7
Theben	s. No-Amon		
Thella	*Yᵉsod ha-Maᶜala?*	207.273	13
Thessalonich	*Saloniki*	C.1	15
Thrazien		C-D.1	10
Thyatira	*Akhisar*	D.2	15
Tiberias	*eṭ-Ṭabarīye*	201.242	13-14
Tibhat	nicht lokalisiert		
Tifsach I	*Dibse*	F.2	8
Tifsach II	nicht lokalisiert		
Tigris		G-H.2-3	8-10
Timna I	*Tell el-Baṭāšī*	141.132	4-5, 7
Timna II	*Ḫirbet et-Tabbāna*	154.122	4-5
Timna III	s. Timnat-Serach		
Timnat-Heres	s. Timnat-Serach		
Timnat-Serach	*Ḫirbet et-Tell*	164.169	4-5, 13
Tiras	nicht lokalisiert		
Tirathana	*eṭ-Ṭīre?*	174.174	13
Tirza	*Tell el-Fārᶜa*	182.188	4-6
Tisbe	nicht lokalisiert		
Tischbe	*Ḫirbet el-Hēdamūsʾ*	220.196	6
Tob	*eṭ-Ṭayyibe*	266.218	2, 5, 12
Tochen	nicht lokalisiert		
Tofel	nicht lokalisiert		
Tofet	s. Jerusalem		16a
Togarma		F-G.2	9, 11b
Tolad	s. Eltolad		
Totes Meer	s. Salzmeer		
Trachonitis		250-310.260-290	13-14
Tres-Tabernae	*Casale Torre Ubaldo*	A.1	15
Tripolis	*Ṭarāblus eš-Šām*	226.430/F.3	10
Troas	*Dalyan*	D.2	15
Tubal		E-F.2	10, 11b
Tubi(aner)	s. Tob		
Tyrische Leiter	*Rās en-Nāqūra*	160.277	12-13
Tyrus I	*eṣ-Ṣūr*	168.297/F.3	1-2, 4-10, 12-15
Tyrus II	*ᶜIrāq el-Emīr*	221.147	13
Ufas	nicht lokalisiert		
Ugarit	*Rās eš-Šamra*	F.2	8
Ulai	Kanal bei Susa, s. Susa		
Umma	s. Akko		
Upe		250-310.290-350	2
Ur	*Tell el-Muqēyir*	H.3	8, 10

Biblischer Ortsname	heutiger Ortsname	Koordinaten	Karte
Urartu	s. Ararat		
Uruk	*Warka*	H.3	8, 10
Usal	nicht lokalisiert		
Uschu	s. Hosa		
Usen-Scheera	nicht lokalisiert		
Uz I		F.4	9-10
Uz II	nicht lokalisiert		
via maris		850-230.025-330	1, 3
Waheb	nicht lokalisiert		
Wasser von Nimrim	*Wādī en-Numēra*	198.063-205.055	1, 6-7
Wedan	nicht lokalisiert		
Weihrauchstraße		150-220.680-910	1, 3
Yurza	*Tell Ǧemme*	097.088	2
Zaanan	nicht lokalisiert		
Zaanannim	nicht lokalisiert		
Zafet	*Ḫirbet es-Sitt Lēla*	150.215	2
Zafon	*Tell es-Saᶜīdīye*	204.186	4-5, 13
Zahar	*eṣ-Ṣahra*	F.3	9
Zair	nicht lokalisiert		
Zalmon	*Ǧebel el-Kebīr?*	184.182	5
Zalmona	*Ruǧm Tilᶜat ez-Zalmā*	202.982	3
Zarar	*Ḫirbet el-Ḥuḍēra*	152.217	2
Zaretan	nicht lokalisiert		
Zarpat	s. Sarepta		
Zeboim (Ort)	nicht lokalisiert		
Zeboim (Tal)	nicht lokalisiert		
Zedad	*Ṣedād*	330.420/F.3	9
Zefat	s. Horma		
Zefata (Tal)	nicht lokalisiert		
Zela	*Ḫirbet Selāh?*	164.132	4-5
Zelzach	nicht lokalisiert		
Zemarajim (Ort)	nicht lokalisiert		
Zemarajim (Berg)	nicht lokalisiert		
Zemar	*Sumra*		11b
Zenan	nicht lokalisiert		
Zer	s. Tyrus		
Zereda I	*Ḫirbet Banāt Barr?*	155.163	5
Zereda II	s. Zaretan		
Zeret-Schahar	nicht lokalisiert		
Zia	*Ḫirbet Zēy*	218.167	13
Ziddim	s. Sidon		
Ziklag	*Tell eš-Šerīᶜa?*	119.088	4-5, 11a
Zilizien		E-F.2	10, 15
Zin	nicht lokalisiert		
Zin (Wüste)		110.000-150.030	3-5
Zion	s. Jerusalem		16a, 16b
Zior	nicht lokalisiert		
Ziribaschan	*Izraᶜ*	266.253	2
Ziz	s. Blütensteige		
Zoan	*Ṣān el-Ḥagar*	850.050/E.3	3, 8-9
Zoar	*Ḫirbet eš-Šēḫ ᶜIsā*	195.047	5-7, 13
Zoba		F.3	8
Zölesyrien		F.3	10
Zora	*Ṣarᶜa*	148.131	4-7, 11a
Zuf		165-175.145	5
Zypern	Zypern	E.2-3	10, 15
	s.a. Elischa		
Zyrene	*Barka*	C.3	10, 15